JN287520

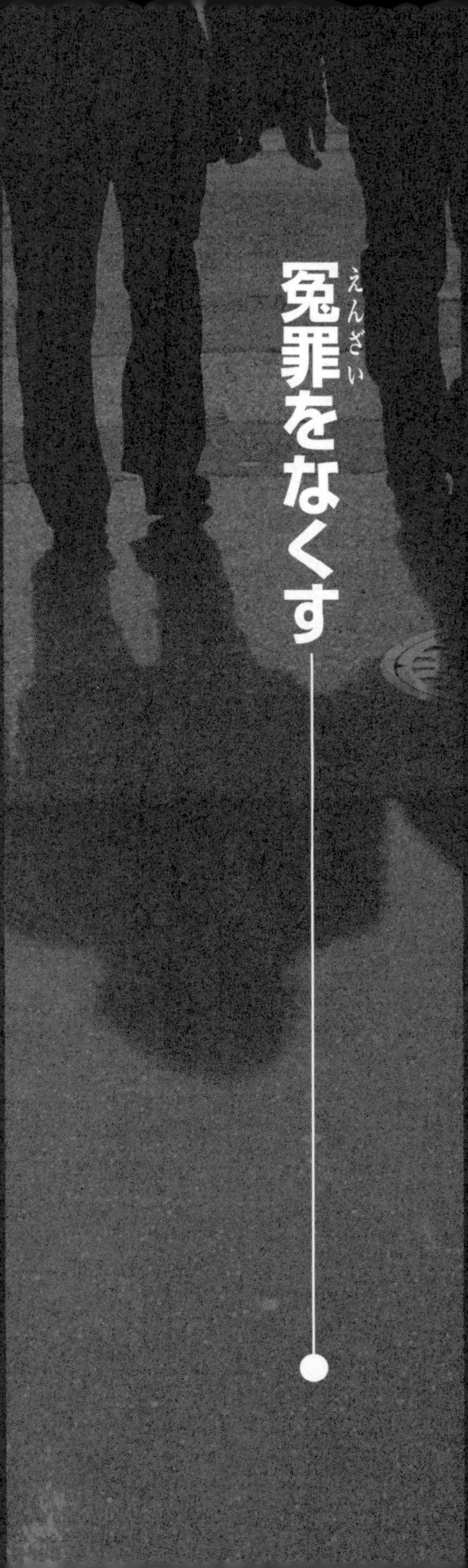

冤罪《えんざい》をなくす

はじめに

冤罪は、一般には、ごくごく少数の人にだけ関係する問題だと思われている。多くの人たちは犯罪とは関係ないと思って生きているので、それも当然である。実際、警察とも検察とも裁判所とも一度も関係することなく人生を終えたという人も多いだろう。そうした人たちにとっては、冤罪ということも無縁であろう。

しかし、そうした罪なき生き方をしている人にとっても、罪と罰の問題が忍び寄ることがある。ある日突然、身に覚えのないことで、「お前は犯罪者だ」と言われてしまうことがある。この「身に覚えのない」というところが、冤罪という問題にとって肝腎なところである。なぜなら、圧倒的に多くの人が犯罪のことなど「身に覚えなく」生きているからである。冤罪というのは、その無実の立場にある人が罪の濡れ衣を着せられることだからである。

最近では、鹿児島県で起こった「志布志事件」というのがそうであった。また富山県の氷見市で起こった「婦女暴行事件」もそうであった。「身に覚えのない」ことで、警察の取り調べを受け、検察から起訴されて長期の勾留を余儀なくされたのである。氷見市のタクシー運転手のケースでは裁判でも有罪とされ、服役までした。罪なき人々を襲う冤罪の恐ろしさである。

ここに司法の根本問題があるといっても過言ではない。人を守るべき司法が人を抑圧し、その幸福を台無しにするからである。それにもかかわらず、司法という問題が国民生活に不可欠な民主主義の制度として十分に自覚されていないことが多い。憲法にも規定のある重要な問題であるが、普段の生活では政治や経済や福祉のことなどと比べると、意識することが少ない。何か事件らしいことが自分の身の周りで起こった時に、はじめて意識する。そして司法とは何かを考える。これからは、裁判員制度が採用されると、いやでもこの意識と関心を強くしなければならなくなるが、それでも一般的には裁判員に指名されてはじめて司法問題に直面するというのが通常のケースであろう。

司法には司法被害という問題がある。司法がつねに健全で、人間生活を守るものであれば問題はないが、そうした理想郷は世界のどこにも存在しない。罪なき人々が罰せられるという事実は、どこの国にでもある。司法は強制力をもつ権力なので、人間が発動するその権力にはさまざまな過誤を避けることができないからだ。そればかりか、権力は時としてその過誤を承知の上で行使することがある。この「過誤を承知の上で」ということは、「冤罪を承知の上で」ということと同じである。国民との権力関係が複雑になればなるほど、そうした「国策冤罪」

ともいうべきものの危険性が強まる。

それゆえ、司法の民主化、透明化は、現代の民主主義にとって不可欠である。司法はたしかに現象的には少数の犯罪者のための制度のように見えるが、言うまでもなく国民全体のための制度である。しかし、この国民全体への自覚が薄く、特定の少数者を対象とする特別な領域だと思い込んでいる司法公務員も多い。ここに、国民にたいして責任を負う法の民主主義という問題が置き去りにされてしまうケースが生まれる。冤罪はその法の民主主義の窮極の放棄である。

そして、この法の民主主義の放棄を象徴する冤罪にたいし、その正義を回復し再構築することを司法の内部から行うことは容易ではないという問題がある。警察庁は、今年（二〇〇八年）の一月、冤罪批判がたかまったなかで「警察捜査における取調べ適正化指針」というものを出したが、専門家は「これではまったく何も変わらない」と批判している。年間百二十万人をこえるような膨大な被疑者の取調べを行うという人的、物理的条件や実態からも、あるいは捜査指揮権と捜査監督権の分離ができないという法的実体からも、この指針は絵に描いた餅にすぎないというのである。

また、この司法の民主主義の構築という問題は、司法の独立が保障された裁判所という内部においてもほとんど不可能だという実態がある。その例は、たとえば、今年（二〇〇八年）の三月十四日に行われた「横浜事件」の再審裁判における最高裁判決において如実に示された。つまり、最高裁は戦中から戦後にかけて犯した当時の裁判所の犯罪（これは単に治安維持法によって当時の裁判所が被告人らの言論を有罪としただけではなく、敗戦後においてその旧悪の追及を恐れて判決文や裁判資料を破棄・焼却するという犯罪的な証拠の隠滅まではかった）から目をそらし、刑事訴訟法が形式的にさだめている「免訴」条項に便乗して、その治安維持法時代の裁判所の冤罪判決と言論弾圧の実体を隠蔽したのである。これは単に戦前戦中の裁判所と現行の裁判所が司法制度的に「継続」している実態を示しただけではなく、廃棄されたはずの治安維持法な司法の精神が「継続」している実質を示したものといえる。ここに新憲法下においても、裁判所における法の民主主義の構築がいかに困難かという実体が浮き彫りにされている。

この意味で、司法の民主化の鍵を握っているのは、主権者たる私たち自身をおいてほかにない。つまり、この民主主義の鍵は司法の内部にはなく外部にある。この外部を構成するのは国民である。もっと正確にいえば、アジアの市民、世界の市民とつながった国民である。本書は、この鍵を握る主権者たる国民と、冤罪の問題を一緒に考えるために纏めたものである。冤罪は司法の暗部を示す閉ざされた部屋であり、その扉を開ける鍵を持つ国民には、その闇の部屋の開放について責任がある。この司法の闇を払うことなくして司法の民主化を実現することはできないし、また司法の民主化なくして日本の民主主義もないからである。

冤罪をなくす

目次

第一章

今日の日本を映す冤罪

冤罪と犯罪を隠蔽した「戦後の横浜事件」

1

「横浜事件」とは、もちろん敗戦前後にわたって神奈川県の特高警察と司法当局が文筆家たちを弾圧するために一体となって作り出した治安維持法体制下の最後の冤罪事件である。その中身は一九四二（昭和十七）年に、評論家細川嘉六の「世界史の動向と日本」という論文を掲載した『改造』（八・九月号）の発禁処分を契機に、当の細川氏をはじめ雑誌編集者や出版会社の社員など六十人におよぶ関係者を逮捕し、そのうち三十人をこえる人々を起訴して有罪とした言論弾圧事件である。その最後の判決は敗戦後の九月、わずか一日の審理で、細川氏（彼の判決公判は十月に予定されていたので、その前に治安維持法が廃止になり適用ができなかった）を除く未決の被告全員を有罪にするというやり方で、さながら「特高裁判」ともいうべきものであった。それがなぜいま「戦後の横浜事件」なのかといえば、その戦中裁判の根拠となった治安維持法による冤罪とそれに加担した裁判所の犯罪を隠蔽した今日の裁判として、新たな司法被害の実体を作り出したからである。

その司法被害者とはもちろん、二十二年にわたって再審請求をつづけ冤罪からの救済と名誉の回復を訴えてきた元被告の面々であり、その遺族であった。この戦中戦後の関係を一口でいえば、戦中の「横浜事件」は文字通りの司法の不法な運用による言論弾圧の冤罪事件であったが、今日の最高裁に至るまでの各級裁判所によってもたらされた戦後の「横浜事件」は、形式的な法解釈と法手続きによってその元被告たちの冤罪事件を隠蔽したばかりか、治安維持法下の裁判所が侵した司法犯罪（裁判資料の意図的な廃棄など）をも隠蔽した裁判事件としての「横浜事件」であるといえる。

最高裁判所第二小法廷（今井功裁判長）は、二〇〇八年三月十四日、被告人遺族の再審上告の訴えを棄却する「免訴」の判決をすることによって、この「戦後の横浜事件」を確定させた。再審裁判の請求者にとっては、事実上の門前払いに等しい判決である。この判決の第一に決定的なところは、元被告やその遺族が熱望してきた冤罪被害からの救済と失われた名誉の回復を拒絶したところにあった。そして肝腎なことは、そのこと自体が戦中の官憲の拷問と脅迫によって作り出された大規模な言論弾圧事件の隠蔽を意味したことである。同時に、それはその事件を裁いた治安維持法下の裁判所が、戦後の法廃止のあとに自らの司法犯罪に気づき、それら判決原本など裁判資料を廃棄処分するという証拠隠滅の犯罪をも隠蔽したことにおいて、二重三重の犯罪的行為であることを示したのである。これは「免訴」などという法手続きによって免れることができない裁判所自身の犯罪といわなければならない。

これら言論弾圧事件とその弾圧に加担した裁判所自身の犯罪への二重三重の隠蔽を示した最高裁判決は、今日と明日の司法の民主主義に計り知れない悪影響をもたらすことは確実であろう。戦後、しかも基本的人権を国是とした憲法から六十年が過ぎた今日において、その憲法の番人であるはずの最高裁が、治安維持法の時代に拷問と脅迫によって作り出した言論弾圧の冤罪を清算することができず、その誤判による被害者の名誉回復の請求に応えることができなかったという事態は、単に今日の司法の精神の衰弱を示しているだけでなく、その司法が「国家の犯罪」にたいして戦前戦中同様に寛容になり、その言論抑圧的な強権的治安の方向へと押し流されつつあることを示しているといわなければならない。

最高裁判所は新旧刑事訴訟法の「免訴」条項の存在をあげて涼しい顔をしているが、その法の精神の歪みはだれの目にも明らかだ。なぜなら、現行刑訴法の再審請求条項にいう「有罪の言渡を受けた者の利益」のためという再審制度を無視し、誤判によって有罪者とされた冤罪被害者を救済するという再審法の基本を踏み外しているからだ。これでは何のための再審制度かということになる。そもそもこの再審制度は、憲法のいう「何人も、法律の定める手続によらなければ、その生命若しくは自由を奪はれ、又はその他の刑罰を科せられない」（第三十一条）

という自由の条項と固く結びついているはずのものである。治安維持法下では、その「法律の定める手続」がメチャクチャであったことは、いまではあきらかである。その実態は、最近の雑誌論文（『世界』二〇〇八年四月号）で、元特高警察の井形正寿氏が「特別高等警察執務心得」を例にして論じているように、「非合法のものはもちろん、合法のものといえども」常に監視し、「いやしくも不法不軌の挙措に出づるの余地なからしむべし」として、ありとあらゆる言論等を抑圧し、文字通り言論の「余地なからしむ」ことによってもたらされたものだからである。「横浜事件」とは、その正気を逸した狂気の抑圧策によって作り出された象徴的な言論弾圧事件であった。

この「横浜事件」の再審請求は、言うまでもなくその被告たちにたいするメチャクチャな「法律の手続」によって作られた有罪判決からの解放と名誉の回復を求めたものである。これは刑訴法の再審請求条項からいっても、またその再審開始を認めた横浜地裁（二〇〇三年四月）と東京高裁（二〇〇五年三月）の決定からいっても、さらにはその源泉たる憲法第三十一条の精神からいっても、憲法の番人たる最高裁が実体審理をもって当然に応えなければならないものである。ところが彼ら裁判官たちは「その審判は再審が開始された理由に拘束されない」としたうえ、さらにその「審判手続きは原則として通常の審判手続きによるべき」だとして、「再審の審判手続において免訴事由がある場合に、免訴に関する規定の適用を排除して実体判決をすることを予定しているとは解されない」とする「免訴判決」を行った。また、その免訴判決に対する上訴についても、「再審の審判手続においても、免訴判決に対し被告が無罪を主張し上訴することはできないと解するのが相当である」として、上訴の権利も否定したのである。

この最高裁判決は、法治の源泉たる国民の立場からみてもまったく納得のいくものではない。そもそも、刑訴法にいう「免訴」条項は、「横浜事件」の再審裁判にたいしては何ら本質的な規定と認められるものではない。なぜなら、この事件は一般の刑事事件でいう犯罪からの権利の回復という問題ではなく、犯罪が存在しないのに犯罪があったとされた冤罪からの権利と名誉の回復が問題となっていたケースであり、そもそも「免訴の判決」によっては対応できないものだからである。単に罪からの解放を求めたものではなく、その罪そのものの取り消しが求められたものであり、その無実の立場という逮捕前の現状の回復なくして冤罪をはらすことはできないからだ。つまり、免訴の規定によって罪からの解放はできるが、犯罪がなかったことを認めて現状を回復し「無辜の救済」をはかるという冤罪からの解放はできないのである。

また、刑訴法のいう「刑の廃止」があったこと、「大赦」が行われたことは、その被告人たちの未来にたいして効力を持つということであって、過去の有罪被害にたいしてではないという効力の時間性というべき問題がある。その国家的な法的行為（法の廃止や大赦）によって犯罪から解放されて権利が回復されることと、その法の廃止やその大赦等の措置の以前に行われた刑罰による人命の損傷や自由の剥奪、名誉の毀損などから解放されることとは本質的に異なるのである。なぜなら、人間の生存は、その時々の法によって分断されるものではないからである。人間はその一貫した生存において不法な刑罰を免れ、不当な汚名と屈辱を晴らし、自由と名誉を保持したいと願う存在である。それゆえ、刑罰の根拠となった法の廃止や大赦によってその後の人生だけが解放されればよいというものではない。それ以前の人生における不法な判決による有罪という名の汚名や屈辱を晴らすことが自らの自由と名誉のためには不可欠なのだ。

この意味において、今度の最高裁の上告棄却の判決は、その人間の生存の根本原理に沿うものではない。むしろ、逆行するものである。最高裁が日本の司法の精神を代表するというなら、この判決ほど日本の司法の精神の低さをあらわすものはない。その法の論理が自由で名誉ある存在でありたいという人間の生存の根本原理に反するばかりか逆行しているからである。

そればかりではない。この「横浜事件」の再審裁判では、そのメチャクチャな「法の手続」によってもたらされた言論弾圧犯罪の解明とその国家犯罪の取り消しが期待されていた。その警察・

検察の言論をめぐる国家犯罪に加担して裁判所が誤判の冤罪判決をしたことが、被告やその遺族を苦しめる原因として存在していたからである。彼ら被告と遺族の苦痛を解放し、その名誉を回復するためには、その事件そのものの有罪・無罪を判断をすることが不可欠の条件であった。最高裁は、「有罪無罪の実体判決をする訴訟条件がないことを理由とする形式裁判」（今井裁判長の補足意見）によって、その解明任務も放棄した。これは単にその弾圧冤罪事件を隠蔽することになったばかりでなく、その戦中戦後（一九四五年十月に治安維持法が廃止されるまで）の司法犯罪を隠蔽するために当時の裁判所などが裁判資料などを焼却廃棄した行為の犯罪性をも裁くことなく放置したことにおいて二重の隠蔽裁判であるといえる。今日の最高裁判事たちがこの再審事案の実体審理を放棄したのは、彼らの先輩裁判官の犯罪的な所業にまで踏み込まざるを得ない事態を回避し、官僚制度としての体面を保つことが現在の裁判所にとっても必要だと考えられたからであろう。この官僚主義的な「体面」意識は社会に対する「法律による統制」意識と結合して強固な体質をなしている。司法犯罪を司法が隠すという最悪のケースも、その体質から生まれるのである。

このことを考えたなら、最高裁は、この「横浜事件」の再審について「免訴に関する規定の適用を排除して実体判決をすることを予定しているとは解されない」などと呑気なことは決していえないはずである。旧刑訴法といえども、治安維持法が特定の国家主義的狂気の行動綱領となることを「予定して」いなかったし、その種のデタラメな執行を「予定して」いなかった。とりわけ、自分の判決原本や関係の裁判資料まで廃棄焼却してしまうというような不法行為（証拠隠滅）を戦後の横浜地裁が謀るなど、まさに想定外のことであったろう。だからこそ、最高裁は今回の再審裁判によってその実体を解明し、その司法の旧悪を洗い清めるべき責任があった。つまり、最高裁に至る各級裁判所は、被告やその遺族の名誉のみならず、裁判所自らの名誉がかかっていたことを自覚しなければならなかったのである。その自覚に立って実体判決を行うべきであった。そのことを自覚はおろか意識さえもしないというところに、関係裁判官たちの途方もなく無惨な法精神の荒廃がある。

こうして、一九八六年七月の第一次再審請求から始まってこの再審裁判に至る九二十二年に及ぶ被告人らの名誉回復の努力は無に帰したのである。しかし、この二十二年の裁判闘争こそ、「戦後の横浜事件」の実質をなすものであった。被告人では最後の生存者となった木村亨さんの遺志が継がれた一九九八年の第三次再審請求から数えても、このたたかいは十年の道程に及ぶ。このことを考えると、遺族たちの無念は身に滲みる。最高裁は、一九九一（平成三）年に示した再審請求棄却の判決から数えると三度目の無法を示したことにもなるのである。

最高裁は、結局のところ、悪法も法なりという旧態の論理に終始したといえる。これらの再審裁判によって、治安維持法は死んだ、戦前戦中の無法の司法体制は終わったと考えていたことは根底から覆された。治安維持法が彼らによって甦ったとまではいわないが、その敗戦直後の十月までの間に滞っていた「法の闇」が色濃くなったという感覚は避けがたい。不気味なものである。その闇討ちにあった言論弾圧の被害者たちよりも、当の治安維持法の方がしぶとく長生きして息づいているという思いも拭いがたい。これでは、木村亨さんらの霊はもとより、遺族や関係者らが安らぎを得ることは到底できないであろう。法律の専門家と称される人のコメントには、「有罪、無罪の判断をせずに、被告の立場から早く解放することが、社会全体の利益にもつながる」（「二〇〇八年三月十五日付「毎日」）などという見方もあるが、「社会全体」などという前に、冤罪に苦しんできた被害者個人の無罪の確定による解放こそ先決であろう。

しかし、この一文を思い立ったのは、何も彼ら裁判官やその彼らに塩を送る専門的法学者にたいする憤懣からだけではない。むしろ、それは二の次三の次の問題である。裁判官が憤懣と憤怒の対象だったことは、何も今に始まったことではないからである。明治の『自由党史』が言う通り、「大審院の如きに至りては門に其標を折掲するのみ。其実は則ち司法卿に隷し、而して司法卿は則ち内閣に隷し、内閣自ら動かしてすなわち司法権を左右す」というのが日本近代の司法の姿だった。免訴を説くような無味乾燥な法の形式主義は、いまにはじまったことではなく、百年以上もまえからつづいている。当時の「天皇の裁判所」が「国民の裁判所」になり、さらに三権分立で政府から独立したとされる今日においても見た通りの実体であって、とくに最高裁の法の精神は当時の大審院以下である。

明治の裁判所には、五等判事児島惟謙(注1)のように、一八七五(明治八)年の酒田の小農や貧農が訴えた「過納金償還訴訟」において、当時の金額で六万三千円の還付を認めたような判事がいた。彼はまた後に大審院院長となってからの「大津事件」についても、松方内閣の干渉をはねのけて司法権の独立を守ったことで知られるが、戦後の最高裁にはこの児島と肩を並べられるような人物は一人も出ていないのである。それはなぜであろうか。人材の問題なのであろうか、それとも裁判制度のせいであろうか。あるいはまた戦後日本というイビツな国家における民主主義の未成熟のせいなのであろうか。最近読んだ奥平康弘氏(注2)の『憲法を生きる』(日本評論社)のなかにも、「ぼくは、日本の最高裁判所裁判官について、実をいうと魅力的な人が考えつかない」という一行を見出したが、法律の専門的な研究者さえそう言うなら、私のような法律や法曹界のことに無知同然の市民が現代の裁判官に児島惟謙のような人物を見い出せないのも当然と思われた。

それでも私は、高官ではない裁判官については、静岡地裁の熊本典道のような存在を知っただけでも僥倖を感じている。彼は四十年まえの静岡地裁で袴田巌被告を裁いた裁判官であり、「彼には無罪の心証だったが、ぼくの裁判長説得がうまくいかず死刑になってしまった」と涙ながらに語った人物である。こうした裁判官が戦後の裁判所にひとりでもいたということは一つの希望である。児島惟謙ほど大きな仕事はできなかったとしても、その法の精神において決して遜色はない。司法という日本的な閉ざされたムラ社会にあって、決してその内部的な体制に順応するような行動を取らなかったことだけでも立派である。裁判官の独立ということを頭だけではなく、被告と自らの身体を通して理解していた裁判官だった。こうした官僚的栄達をめざさずに裁判の良心をささえた裁判官を、私の浅い認識のなかであげるなら、「八海事件」のために職を辞した青木英五郎と、『犬になれなかった裁判官』（ＮＨＫ出版）を書いた安倍晴彦がいる。先の奥平氏があげる「杉本判決」を書いた中平健吉も、そうした法の精神を生きようとした裁判官の一人だったのであろう。

いずれにしろ、この「横浜事件」に「免訴の判決」を下した最高裁判事のような官僚裁判官については、いまさら何も論じようとは思わない。それよりも、市井にいて彼ら司法の高官たちよりもはるかに法の精神に忠実であり、人間にたいする崇高な心をあらわしている二人の女性について書いておきたいと思う。こうした人々こそ、市井の児島惟謙であり、熊本典道であると思うからである。

2

今度の最高裁判決が出る前の二〇〇八年二月のある日、私あてに一枚のファックスが入った。内容は友人の出版社社長が彼あてに送られてきた一枚のハガキをコピーしたものである。そこには、「横浜事件」について、「あのようなオカシナ判決に対して不可解だから、次の公訴に役立つように、どこかで訴える方法はないか」と記されていた。「横浜事件」について、すでに東京高裁の控訴棄却の判決が出ていた段階で、一か月後に予想される最高裁の「免訴」判決をもって、このまま終わらせたくないという思いが込められているハガキである。

このハガキを出版社の社長に出したのは、小泉文子さんという八十五歳になる水戸市の女性である。彼女は水戸市の中心街に六階建てだか七階建てだかの「小泉ビル」を持っていて、その地下階でコーヒー店を経営していたから、私も当の社長に紹介されて二、三度その喫茶店で会ったことがある。いまどき珍しいほど俗気がなく、気品の美しい女性である。八十五歳になったといっても、六十代といっても十分に通るような若々しさも秘めていた。

　この小泉文子さんが、なぜ、「横浜事件」なのかについては理由がある。そのハガキにあるような強い関心を持たざるをえない「訳」があった。単なる理由というよりも、「訳あって」というときのあの切実と道理を秘めた訳である。この彼女の切実さの向こうには、そうした切実な運命を押しつけた戦中の特高警察や思想検事、そして彼らの操り人形の役を演じた裁判官がいた。言うまでもなく、「横浜事件」を生み出した戦中から戦後にかけての司法当局の関係者たちである。

　つまり、その六十年ほどまえ、彼女は彼ら司法の「暴漢」というにふさわしい人たちによって獄中で殺される羽目になった浅石晴世の婚約者だった。もう少し正確にいえば、その浅石が「横浜事件」に連座して逮捕される前に、彼女に累が及ぶのを恐れて婚約を解消した女性だった。小泉さんは、自らが遭遇することになったその婚約の破棄という悲しい出来事の意味を戦後になるまで理解できないでいた。

　小泉さんは、一九四二（昭和十七）年二月に浅石晴世と婚約したが、その年の九月には「いよいよ時局が切迫して、僕には、君を幸福にすることができなくなった」、「あなたの幸福のために別れる」という謎に満ちた突然の婚約解消の手紙を貰った。その謎の背景にあるものが何か、小泉さんは理解できなかった。手紙の来た翌日、小泉さんは晴世に会って詰問したが、彼は「どうしても別れなければならない」としか言わなかった。さらに翌年二月、すでに高等女子師範を卒業して唐津市の女学校教師として赴任していた小泉さんのところに、晴世からまた手紙が来た。そこには期待した愛の言葉は何もなく、「無色透明な手紙」だった。若い小泉さんにはその「時局の切迫」や「どうしても別れなければ」という意味、あるいはその「無色透明な手紙」の意味を読みとることができなかったのである。

この理解不能な婚約解消という出来事が、一九四〇年代の若い女性をいかに苦悩させたかは、想像に余りある。すでに晴世を愛し、「五十年たった今でも、心が震える」ような熱い抱擁を交わした仲であったから、その抱擁のわずかに一か月後の別れの手紙を理解できなかったのは、当然のことであろう。彼女がその理由をはじめて納得できたのは、『中央公論』の編集部にいた浅石晴世が「横浜事件」に連座するかたちで逮捕されて、すでに獄中死したことを知った戦後だった。とくにその晴世の別れの手紙が、「横浜事件」の主役とされる細川嘉六が世田谷署に逮捕された一九四二年九月十四日の当日に書かれたものであることが分かって、その手紙の意味する全体が手に取るように理解できたのであった。このあたりの経緯は、彼女の著書『もうひとつの横浜事件――浅石晴世をめぐる証言とレクイエム』(田畑書店)に詳しく書かれている。そして、その書物を読んでいたこともあって、彼女のハガキは私には強く響いたのである。

この小泉さんのハガキのコピーのあと、社長はさらにもう一つのファックスを送ってくれた。今度は数枚に及ぶ長いもので、浅石晴代さんという弁護士の書いた「私の横浜事件」という文章の掲載された「核燃とめよう！　一万人訴訟関東のつどい」という団体が発行している「げんこくだん」（二〇〇七年十二月）の関係ページである。浅石晴世と浅石晴代というのは、いささかまぎらわしいが、そこがこの二人の関係を解き明かすミソである。

この文章も私の胸に強く響いた。最近はつまらない文章しか書かない弁護士が多いと思っていたが、この弁護士の文章は一味も二味も違っていた。何よりも「横浜事件」という冤罪の被害者である浅石晴世やその周辺の人々への思いが溢れているところに胸を打たれた。裁判所が言う「免訴」というような閉ざされた司法の論理とは正反対の開かれた普遍の人間愛の論理への道筋が見えるものだった。

弁護士の浅石晴代さんは、まず義父のことから語り始める。青森弁護士会の会長をしていた義父の浅石大和氏のことである。彼は一九九八（平成十）年十月に九十五歳をこえる長寿をもって亡くなられたが、晴代さんはその子息のパートナーという立場から、偶然、彼宛の数奇な手紙を読むことになる。義父の葬儀を終えた十一月はじめのことである。その手紙の主は福岡市の田中さんという方で、昭和三年ごろの中学時代に浅石晴香という英語の先生から教えを受けていた人である。そしてその先生の長男が「横浜事件」で獄死した浅石晴世だった。手紙の田中さんは、その浅石晴世と同級生の友人であった。田中さんが、新聞の訃報記事で読んだ浅石大和氏とは、もしかしたなら、この晴香先生の縁故の方ではないだろうかと考えて出された手紙であった。

晴代さんは、夫となる浅石紘爾氏と交際中、浅石晴世のことを聞いてみたことがあった。しかし紘爾氏はあっさり「一族ではないと思うよ」と否定した。晴代さんも、義父の大和氏にまで尋ねることをしないうちに、大和氏は逝ってしまった。そこへ、この一通の手紙である。

晴代弁護士はその手紙をもとに親戚の長老に尋ね、浅石家の本家筋の家族が千葉県にいるのをつきとめることができた。その結果、現在の浅石家当主の祖父の弟が浅石晴香氏だったことがわかった。こうして、晴代弁護士は一族のなかに、「横浜事件」の犠牲者という暗い時代を象徴する人物が存在したことを知った。いわば、そうして浅石晴世に辿り着くことができたのである。

浅石紘爾氏に手紙を出した田中さんによると、浅石晴世は口数の少ない真面目な学生だったという。旧制福岡高校——小泉さんによると、晴世は首席で卒業した——から東大文学部に入り、一九四〇（昭和十五）年に中央公論社に入社した。田中さんも東京勤務だったところから、二人はよく昼食などをともにしていたらしい。ところが、一九四一年六月はじめころ、晴世氏から速達が届き、そこにはただ「当分食事も一緒にできない」とだけ書いてあった。その後、二人は田中さんが出征するようなことがあり、音信不通となった。戦争が終わってからも、田中さんは浅石晴世と巡り会うことはなかったが、一九四九（昭和二十四）年十一月、毎日新聞連載の石川達三『風にそよぐ葦』を読んで、浅石晴世が「横浜事件」に連座して逮捕され、獄中死していることを知った。

浅石晴世とそうした関係にあった田中さんは、「横浜事件は凶暴な特高警察がでっち上げた事件だと考えておられ、既に風化しつつある歴史的事件の真実を掘り起こされようとする熱意には、ただならぬものがありました」と浅石晴代弁護士は書いている。

浅石晴世の獄中死は、一九四四（昭和十九）年十一月十三日で、晴代弁護士によると、横浜拘置所の「狭い房内に敷いたせんべい布団を血の海にして、その血のなかに頭を突き込むような姿勢で冷たくなっていた」という。結核と拷問によって身体をぼろぼろにされながら、病院にも入れてもらえず、だれ一人看取る者もいないなかでの獄中死であった。彼が逮捕されたのは、一九四三（昭和十八）年七月三十一日であったから、司法権力はわずか一年四か月足らずの間に彼を殺してしまったのである。彼が未決の身であったことを考えると、文字通り「法の裁き」もないなかでの虐殺であったといえる。

3

浅石晴世と一字違いの晴代弁護士は、この文章のなかで、「神の摂理」ということを書いている。それは亡くなられた義父の大和氏が九十五歳のときに洗礼を受け、クリスチャンになったこと、その死に関係して田中さんの手紙が届いたこと、そしてその手紙に導かれて「一族の浅石晴世」との出会いができたこと、そうした事態の進展に「神の摂理」を感じるというのである。このことについては、小泉さんのハガキも、浅石弁護士が書いていることは、「死者が生者をして語らせる」としか考えられないと述べている。この小泉さんも、クエーカー教徒である。

戦争や治安維持法のような暗黒の法律がなく、世が平和に過ぎていたなら、加山（小泉）文子さんは浅石文子さんとなり、浅石晴代さんとは一族の親戚としての平和な交際ができたであろうと考えることができる。しかし、これはかなわなかった。その親戚の絆となるはずだった浅石晴世が無惨にも戦中の司法によって獄中で殺されてしまったからである。そうであれば、浅石晴代弁護士が小泉文子さんについて述べていること、つまり彼女にたいする浅石晴世の最後に手紙にいう「ぼくとの係わりがなかったことにしてほしい」という文言の真意は、それこそが小泉さんが述べているように「逆説的ではない『最も大きな係わり』を残しました。それは彼自身がこの世に残したかったこと、それは少しの計算も打算もない『愛と信頼と献身による平和』を世にもたらす生き方である」ということを語ったものとしての意味も明らかになる。

この小泉さんのいう浅石晴世の生き方を、私の言葉で整理すれば、「お互いに助け合って平和に生きる」というものであろう。この平和ということのなかには戦争という暴力も、それにつながる司法の暴力もないことが願望されている。浅石晴世が編集者の立場から推進した言論も、その自由と平和への願望を込めたものであろう。小泉さんは、自著でも晴世が「日本を、少しでも開かれたよい国にするために、身を捧げる」と述べていたことを再三確認している。小泉さんのいう「平和に生きる」という言葉は、その若き浅石晴世の願望と触れ合っているのである。いわば、小泉さんの言葉でいえば、それは浅石晴世という死者が小泉文子という生者をして語らせた言葉であった。浅石晴世の直系の家系は断絶して、その彼に遺族はいないが、小泉文子はその魂の遺族だということができるであろう。浅石晴代弁護士も、この小泉さんの「愛と信頼と献身による平和」という言葉については、「身も心も震える思い」がしたと感動を記している。

一方の再審にかかわった裁判官たちについて蛇足をつけ加えるなら、この二人の女性とは対極的なところにいる「人間の顔のない六法全書」というにふさわしい存在である。その血の気の失せた顔の主になることによって、はじめて彼らは治安維持法下の捏造された犯罪であるのを知りながら不法な刑罰を加えた先輩裁判官の誤判を隠蔽することができた。もし彼らが、小泉さんが述べるような愛の想像力をはたらかせ、自らに人間の顔を取り戻して法の正義の立場にたつことができたら、「横浜事件」の言論弾圧の本質、つまり「自由に考えたり話したりする奴はみなぶち込んでしまえ」という式の戦時下の特高警察と思想検事の狂気の沙汰を再審し、その元被告たちの名誉を回復させることはいとも容易にできたであろう。その裁きこそが、日本の戦後の司法の名誉と、かつての狂気の治安思想から脱却して言論の自由を守る国としての存在を内外に宣言することを可能にしたはずである。

この司法の名誉こそ、彼らのいう「法の正義」や「国益」にもかなう道であった。とくに、元被告たちの名誉を奪っていた治安維持法体制が、アジア・太平洋諸国への侵略戦争と深く結びついていたことを考えると、この悪法による冤罪を根絶することはひとり日本の戦後民主主義にとって重要であるだけではなく、アジア・太平洋諸国にたいする名誉回復のためにも不可欠の責務であった。また、国際情勢を見ても、いまほど日本の人権先進国への脱皮が求められているときはない。このことは日本に大きな影響を与えずにはいないアメリカや中国やロシアなどの大国が、いずれも覇権戦争や一党政治や権威主義によってそろって「言論の自由」を貶めつつあるからである。このとき、「横浜事件」の再審裁判を通して、過去の司法の過ちを明らかにして冤罪被害者を救済し、「言論の自由」を守る名誉ある国であることを証明するなら、それは世界の民主主義にたいしても大きな貢献となるからである。ところが愚かにも、司法のエリート官僚たちは、こうした内外の情勢をまったく読みとることができずに、閉ざされた司法権力の小世界に立て籠もる道を選択したのである。

この裁判所の実体は、ビラ配布を住居侵入罪などとこじつけて逮捕投獄して検挙率を上げたり、その有罪の判決によって有罪率を上げたりして悦に入っている愚にもつかない司法の現状と地つづきのものであろう。憲法が危ないという現実は、こうした日常の市民的な行為にたいして法律の偽装を試み、黒い罠を仕掛ける者たちを通して見えていたのであったが、いまやその暗雲は最高裁の門前を覆って公然と湧きあがってきたように見える。これは戦後ようやく花開いたかにみえる「平和な生存権」や「言論の自由」の新たな危機のあらわれといわなければならない。

その彼ら司法の理論は、平和に生きるためには不法の排除が必要だという市民の論理を無視する蒙昧に陥ったことにおいて、小泉文子さんの死者への愛とモラルを忘れない一枚の葉書の文章にも劣り、浅石晴代弁護士の「私の横浜事件」への認識の旅の語りにも劣ったといえる。それゆえ、いたずらに裁判というものの空虚さばかりを浮き彫りにするものであった。そして、この人間の言葉を失った裁判の空虚こそ、言論が弾圧されて人間の言葉を失ってしまった時代の空虚に通じるものである。この言論の自由のない空虚なところに、法の正義もまた存在できないことを、彼ら裁判官たちは記憶もしていないし、認識しようともしなくなってしまっていたのである。それゆえ、小泉文子さんがいうように、「法は人間の尊厳を守るためにつくられたのであろうか、人間のために役立たない法もあるのだろうか」（前掲書）という根本のところから、それこそ裁判所自体を再審しなければならない事態だといわなければならない。

このことを考えてみれば、「横浜事件」の再審請求をした木村亨さんら九人の被告は、自らの冤罪被害を通して刑罰の無効と名誉の回復を唱え続けたことによって、死してなお今日の民主主義のために働いた偉大な異議申し立て人となったといえる。時代を切り開いてきたのは、こうした不屈の民主主義者たちである。その遺志を引き継いでたたかった遺族もまたその名誉に浴することは当然である。そして今度は、その民主主義者たちの魂の松明を引き継いで無辜の民が罰せられない社会をつくるのは、国の主権者たる私たち市民であると思わないわけにはいかない。それは自国の民主主義のために必要なことであると同時に、アジア・太平洋諸国の市民との連帯のためにも、またそのための名誉ある国づくりのためにも不可欠なことである。

（注1）児島惟謙（一八三七〜一九〇八）愛媛県出身の明治の裁判官。一八九一年、大審院長となる。その当時来日してきたロシア皇太子に対して巡査の津田三蔵が切りつけた「大津事件」では、時の政府が刑法の皇族条項を適用して死刑にすることを主張したのに対し、それを拒否し、普通人に対する刑法条項を適用し、謀殺未遂を主張して司法権の独立を守った。その後、貴族院議員、衆議院議員ともなった。

（注2）奥平康弘（一九二九年生）憲法学者。東大教授を経て、現在は「九条の会」の呼びかけ人の一人。

冤罪と死刑　二人の知事のそれぞれの勇気

二〇〇七年十二月に死刑制度を廃止したアメリカ・ニュージャージー州のジョン・コーザイン知事について、二〇〇八年二月の「毎日新聞」夕刊が大きく報じた。この報道によると、知事は州の委員会を作って、これまでの死刑制度の実態を洗い直し、その功罪を比較検討した結果、以下の三つの点が明らかになって死刑制度の廃止に踏み切ったという。一つは、死刑の適用が人種的にみて特定の階層に偏っている。二つは、死刑制度による実質的な効果が、その維持費用にあてる税負担に見合わない。三つは、犯罪という暴力を回避するために、制度の暴力（死刑）は使うべきではない。これについては州の上下両院が賛成して、死刑廃止法案を可決した。

コーザイン知事は、二〇〇六年一月に知事に就いたばかりだったが、その前には民主党の上院議員を務めていて、オバマ氏などとともに上院でイラク戦争に反対した二十三人のうちの一人だというが、全米五十州のうちでは十四州目の死刑のない州へ導いたうらにはそのリベラルな指導性も大いに発揮されたのであろう。この十四番目というのは、なかなか重い意味を持つ。なぜなら、連邦最高裁が一九七二年に一旦は死刑の違憲論を出して、全米から死刑制度を追放したが、四年後にそれを覆して合憲判決を出したため、三十七州が競うように死刑制度を復活させたあとでは、最初の死刑廃止州となったものだからである。これで全米五十州のうちで、死刑のない州が十四州となった。この十四番目の州への到達については、コーザイン知事の手腕が不可欠であったろう。

他方、死刑制度を持つ他の三十六州についても、そのうち二十州については、死刑を凍結しているから、実際には死刑が行われていない。つまり、全米五十州のうち実に三十四州が死刑制度の廃止か凍結をしていることになり、過半数の州を大きくこえて、死刑廃止の方向が強まってきているという状況にある。日本からみると、アメリカは犯罪大国であり、厳罰の風潮も強いように思われるが、その国民的意識のあり方は大部違う。この意味では日本こそが、厳罰の世論が一番強い国であって、先進国では突出している。

さきごろ、「死刑自動化論」を唱えて話題になった鳩山法相が、このコーザイン知事の「死刑廃止」記事が報じられた同じ日に、今度は志布志の選挙違反事件は「冤罪と呼ぶべきではない」と発言したことが伝えられたのも、偶然とはいえ象徴的である。この法相発言にも、そうした国民的な意識のあり方が反映しているのであろう。しかもその法相発言は、冤罪を厳しく反省しなければならない検察長官らとの合同会議での発言だというのであるから驚く。これは就任七か月ではやくも十人の死刑囚の死刑執行を命じている法相の司法認識と直結している問題であろう。法があるから法通りにやるというのは、法の精神の一面を語ることであっても、全面を語るものではない。なぜなら、人間の命は法よりも重いからだ。死刑制度を存続させているアメリカの三十六州のうち、二十州がそれを凍結しているという根本の理由もここにある。この意味では、日本の法務大臣やその立法に責任を持っている国会議員は、コーザイン知事の「制度的暴力」（死刑）の廃止に示された政治的モラルについて深く学ぶことが求められる。

そして、私が思い出すのは、もう一人の知事、二〇〇三年までイリノイ州知事を務めた共和党のジョージ・ライアン知事である。その任期の最後の月である二〇〇三年一月、百六十七人に及ぶ死刑囚の一括減刑特赦を公表したという、あの知事である。「過った裁判によって死刑に処せられた者を救うため」という冤罪被害者救済を実行した知事である。アメリカの刑罰史でも前例がないといわれたこの快挙には、検事たちからの反発が強かったようで、彼らは「司法制度への挑戦だ」とか「権力の濫用だ」と非難して大騒ぎをしたようであるが、ライアン知事は動じなかった。調査の結果、イリノイ州でも冤罪被害者十七人を過って死刑にしてしまった事実を掴んでいて、その司法制度にもさまざまな欠陥があることを確信していたからである。ライアン知事は、その誤判による冤罪のほかにも、警察の拷問による自白調書を証拠とする有罪判決があった事実を丹念に調べあげ、無実の者を救うためには「一括減刑」しか方法がないと覚ったと述べている。

また、権力の濫用という批判には、憲法によって保障された知事の権限であり、正当な権力の行使だとしている。すでに釈放した十三人の死刑囚については、州の囚人審査委員会が知事の要請によって審査した結果、無実の証拠が見つかったうえ、さらに四人が不当な拷問などによる自白の強要によって有罪となった事実が判明し、ライアン知事はすでに合計十七人に特赦を与えていた。

ところが、今度のさらなる百六十七人については、まだそうした確たる証拠がないのに減刑したということで、全米的な話題となった。当時は全米では三十七州が死刑を制度化していたが、これほど大がかりな特赦の例はないという。また、その特赦のタイミングも、あと二日で知事の任期が切れるという日であったため、余計印象を強くした。彼は再選を目指していないが、もし再選を目指す立場であったなら、そうした措置を取ったかどうか疑問があるということから、ABCの記者などは「万一、再選を目指す立場であったなら、あなたは当選したと思うか」と聞いて食い下がっていたが、それにはライアン氏は「問題は当選するとかしないとかいうことではない。問題は人が過って処刑されるのを防ぐことだ」と明快に述べていた。

この特赦事件がきわめて感銘深いのは、何よりそうした大胆な措置を取る人物がアメリカの知事として存在したという事実である。これは決してライアン知事一人だけの問題ではなく、アメリカン・デモクラシーの神髄にかかわることであろう。この種のことは、もし知事に同じような憲法上の権限があったとしても、日本では絶対に起こり得ないと思われた。日本ではまだ国家的な権威をこえる民主主義が、政治や司法において確立されていないからだ。同時に、それゆえに少数者のためにたたかう民主主義も容易には存在できないことになる。石原慎太郎のようなポピュリストの政治家が典型となるのは、民主主義とは多数者のものだという俗信に支配されている社会を反映している。このため、日本ではライアン知事のように自己のデモクラテックな精神を基軸にして新しい課題に挑戦していくということが困難になる。

このライアン知事への感銘とは逆に、アメリカにおける司法制度における杜撰さ加減という問題にはあらためて驚いた。ライアン知事が指摘するように、州の全死刑囚の一割がすでに誤審の死刑であったという事実は、その批判の通り「死刑制度は非道徳的であり、悪魔的な誤りを犯すリスクを持っている」ことを示すものであり、その「悪魔的な誤り」が司法のプロセスにおいて異常なほど多いという事実が暗示する杜撰さである。

このことについては、さきのコーザイン知事についての報道があった二月に、サイパンで逮捕された三浦和義氏に関する報道の危うさがあらためて思いおこされた。一つの例は、ロスでは数千件の未解決刑事事件があり、そのうちの「未解決殺人事件」についてはロス市警内に捜査班をつくって対応にあたっているということであるが、その立場で三浦氏の捜査にもあたるという捜査官の存在を、正義の捜査官というニュアンスで大きく報じていたからである（二〇〇八年二月二十六日付「読売」）。しかし、見方によっては、その膨大な未解決事件の存在は、彼らの捜査陣の失敗と挫折と無能力を示すものであって、その未解決といわれる事案があらたな冤罪を生む「悪魔的な誤り」につながらないという保障はないのである。この意味では、そのような不名誉な捜査官らに囚われた三浦氏の不運の方がむしろ問題であろう。

ライアン知事が特赦した百六十七人のなかにも、誤逮捕や誤判による冤罪被害者がいたに違いないのである。検事や被害者家族は、そうしたライアン知事のやり方では、殺された者の正義は守られないと憤っていたというのであるが、しかし死刑制度については一九七二年の連邦最高裁で「違憲」とされて廃止されたこともあり、死刑のない司法も行われていたのであるから、「殺された者の正義」が死刑制度によって守られるということではないだろう。

この意味で、ライアン知事の大量特赦は、無実の者の処刑を阻止する意味において勇気ある決断であったといえる。死刑囚が終身刑に減刑されたなかで、新たな証拠が見つかり、再審への道が開けることもあるからである。とくに重要なのは、陪審制度を取るアメリカでは、人種間の評決にバイアスがかかるケースが多く、黒人容疑者と白人被害者との間の事件の比較においては、黒人が不当に死刑になるケースが多いという事実があると指摘されているが、これなども死刑制度が純法律なものとして機能するものではないことを示している。

朝日新聞（二〇〇三年一月十三日）によると、メリーランド大学が調べた州内の「凶悪犯罪」とされる一千三百十一件についての報告によると、人種間の評決が黒人の場合不利にはたらき、死刑判決となるケースが著しく高いということが判明したという。最近の週刊誌「タイム」（二〇〇八年三月十七日）が報じたピュー・リポートの囚人統計によると、一五九万六一二七人の収容囚人のうち四〇パーセント強が黒人であり――とくに二十歳から三十四歳までの黒人の収容割合は九人に一人を占め、ヒスパニックの全年齢囚人の三十六人に一人という割合に比べても四倍も高い――、アメリカの犯罪にかかわる人種の影が衰えていないことを示しているが、こうした背景において人種差別による冤罪もまたあとをたたないのであろう。コーザイン知事とライアン知事の決断の重さがあらためて実感されるのである。

「袴田事件」と熊本裁判官

1

カトリック清瀬教会は、西武池袋線の清瀬駅から歩いて十分ほどのところにあった。歴史の匂いの漂う古く大きな教会である。私がはじめて訪れたのは二〇〇五年の春で、「袴田巌さんを救う会」が主催している公開学習会で話をするためであった。「救う会」の会員のなかに、私が「ＪＲ浦和電車区事件」について書いた『冤罪』の読者がいて、その読者のすすめで私が呼ばれたようだった。この時はじめて、私は「救う会」代表の門間正輝牧師と奥様の幸枝さんご夫妻とお会いした。会の機関紙『キラキラ星通信』に、心を揺さぶるようなすばらしい文章を書いているお二人である。詳しいことはわからないが、「救う会」はこのご夫妻を中心につくられているようだった。

次に、このカトリック清瀬教会を訪れたのは二〇〇七年六月二十四日で、やはり「救う会」主催の公開学習会に出るためだった。この時は私は聴衆の一人として参加した。講師は、静岡地裁で「袴田事件」の一審裁判を担当した熊本典道さんであったから、私は水戸から電車を乗り継いで意気込んで参加したのである。三月の新聞で、「袴田事件」を担当した熊本元裁判官の告白の記事を読んだとき、日本にもこういう裁判官がいたのかという驚きにも似た思いを抱いたので、その当人から直接話が聞けるというのには大きな期待があったのである。

「袴田事件」といえば、もう四十二年も前に起こった事件である。私がまだ二十代の時だ。私はこのころ政治運動に夢中で、刑事事件などにはあまり興味を抱かなかったが、それでもこの「袴田事件」のことはずっと記憶にあった。袴田巌さんの元ボクサーという特異な経歴や同じ世代の人間だということが、事件への印象を強くしていたようだった。中国では文化大革命がスタートし、北京の天安門広場では百万人の紅衛兵が勝利の大集会を開いていたような時期だった。国内では、戦後最大といわれた公労協の交通ストが行われる一方、ビートルズの来日で大騒ぎをしていた。そんな六月、事件は静岡県旧清水市の味噌製造会社の専務宅で起こった。専務ら一家四人が殺された殺人放火事件というものである。「いくら元ボクサーといっても、一人で四人も殺せるのか」というのが巷での雑談的関心の一つだった。

熊本典道さんは、静岡地裁でこの「袴田事件」を裁いた三人の裁判官のうちの一人である。彼は偶然にも私と同じ年齢であったから、当時はまだ二十代の若い裁判官であった。熊本さんによると、その時は東京地裁から地方の支部に転勤になっていたが、そのあと事情があって静岡地裁に急遽再転勤となり、「袴田事件」を担当することになった。だから、その年（一九六六年）の十一月二十六日に地裁に初出勤したときには、「袴田事件」のことなど何も知らなかった。事件があったことすら知らなかったという。それでいきなり担当の陪席判事を言い渡された。そうした異例のかたちで一審裁判を担当することになった熊本さんにとっては、それらが昨日のことのように思えるようだった。「袴田さんのことは、この四十年間、一日も忘れたことがありません」と言って涙ぐんだ。「女房、子どものことは考えない日があっても、袴田さんのことは頭から離れたことがありません」。そう言って、当時の自身の無力に肩を落とすようだった。その姿に、教会のキリストの磔刑の姿が二重映しになって、私も粛然とした気になった。

私のささやかな情報でも、袴田さんは四十年に及ぶ獄中生活によって極端な人間不信に陥り、精神にも異常を来して、文字通り煉獄の時を送っているようだったから、熊本さんの悲しみが身に滲みた。袴田さんは、獄中でキリスト教徒となったようであるが、それでも現世の苦悩をのりこえて魂の救済をはかることは難しかったようである。四十年という獄中生存は、私の想像力をこえている。私の政治的記憶の中には獄中十八年という日本の共産主義者や獄中二十七年という反アパルトヘイトの闘士ネルソン・マンデラがいるが、彼らには獄中に耐えうる理想があった。この理想が身体の拘束をこえて彼らの情熱の火を灯しつづけた。しかし、この点では私たち同様に平凡な一市民の立場にいたと思われる袴田さんには、身体の自由がないところで精神の自由を持続することは困難であったにちがいない。そこまでは分かっても、その身体の自由を長期にわたって失った経験のない私には、その精神の困難の様相がいかなるものであるかについては想像することができないのである。

この袴田さんの身体の拘禁ということには、当然、冤罪による死刑判決という不条理が二重にも三重にもからんでいたと思われる。この不条理が袴田さんの精神を二重にも三重にも呪縛し、懊悩を深める要因となったことは確実である。自分の罪でない罪は引き受けることができないし、したがって解脱することもできないからだ。とくに一九八〇年の最高裁による死刑確定という条件の下では、ただでさえ困難な獄中生活が二重にも三重にも困難になったことは明らかである。毎日が死の恐怖に怯えながら拷問にかけられるような暮らしであったろう。十日の拷問に耐えうる人はいても、三百六十五日の拷問に耐えうる人はいない。たとえそれが肉体に食い込む鞭の拷問ではなく、目には見えない死の恐怖という精神への鞭の拷問であってもである。

このことは逆にいえば、冤罪を与えた者たちの罪もまたそれだけ深く重くなる。裁判官たちについていえば、彼らには「神の裁き」ができなかったばかりか、呪うべき「悪魔の裁き」をしたことを意味している。袴田さんが、一九六八年九月の一審判決以来極端な裁判不信に陥ったというのも、彼がそこに悪魔の存在を見たからであろう。それに加えて、袴田さんにとっては、刑務所当局が適切な精神の治療をしないということもあった。これは刑罰制度のなかのもう一つの暴力に等しく、袴田さんは法にない二重の制度的暴力にさらされているようなものであった。この人権無視の状況は江戸時代の牢屋並みと言っても過言ではない。

熊本裁判官が未決の被告人としての袴田さんをはじめて見たのは、一九六六（昭和四十一）年十二月二日だった。それを言う時、熊本さんは、「顔を見た」と正確に表現した。そして「袴田さんのことは、この四十年間、一日も忘れたことがありません」と言って涙ぐんだのであったが、その袴田さんの顔に思い起こしたものこそ、受難者の顔であったろう。その顔の記憶に刻印された受難の相に、抑えきれない思いが溢れたようだった。裁く人と裁かれる人の間にあって、その裁かれる側の被告の顔は本来は白紙のようなものであろうが、すでに死刑という刻印が押されてしまった袴田さんの顔に、そうした最初の出会いのときの白紙の表情を思い浮かべることは困難になっていたのであろう。

しかし、熊本裁判官が審理のなかで袴田さんの顔に見出したものは、有罪のしるしではなく無罪のしるしだった。検察の調書は山ほどあっても、客観的な証拠、合理性を持つ物的な証拠を見出すことはできなかったからだ。熊本裁判官は、それらの公判において、じっと袴田被告の顔を注視しつづけてきたが、その顔にも有罪のしるしがあらわれることはなかったと確信できた。

熊本裁判官は、この被告の顔という問題を最初から大事に考えてきた。そのため、「袴田事件」を担当することになった時点では、すでに公判が開始されていて、袴田被告の人定尋問は終わっていたが、もう一度やり直してもらった。その時、袴田被告は、熊本裁判官が前回の尋問記録で確認していた通りのことを同じように述べた。「私は全然やっておりません」と。袴田被告が言ったことは、それ一言だけだったという。

袴田さんは、警察で拷問を受けたこと、つまり殴られたとか、蹴られたとか、ウソでごまかされたとかいうようなことは一言も言わなかったという。ただ一言「やってない」というだけ。あとは不気味な沈黙を守っていた。黙秘権について聞いても、「本当のことを言うのに黙秘権はいらない」という態度。「人間は本当のことを言うべきだ」という態度。そうした袴田被告の顔を熊本裁判官は見つづけてきた。この袴田被告の態度は法廷に取材に来ていた新聞記者たちにも強い印象を与えたようであった。公判がすすむと、新聞記者のなかからも、袴田さんの犯行説には疑問を持つ人も出てきて、むしろ、無実の弁護にあまり熱心でないような弁護人を批判する意見も寄せられるようになった。

一方、検察からは膨大な自白調書が出されていた。そこで袴田被告を調べた警官を証人に呼んで、これまでの捜査において「自白しなかった被疑者はいたのか」と聞くと、警官は「いません」と胸を張るのだった。熊本裁判官は、密室における尋問によって得られた自白は違法なものだという認識を持っていたから、そうした警官の答弁に窺える「自白させることへの確信」に余計に疑問を抱いた。このため、調書については合議のなかでも意見をだした。その結果、四十五通の調書のうち、四十四通の調書は証拠として採用しないことになった。ただ一通の犯行の動機らしいものを認めさせられた調査だけを裁判長は採用した。

普通、窃盗などは右陪席判事が単独で判決文を書くことができるということであるが、重罪については裁判長と左陪席判事が合議して判決文を書く習わしだったと熊本さんはいう。このため、左陪席判事だった熊本判事は公判が大詰めに来たとき、無罪の心証をもって「被告人は無罪」とする判決文の下書きをした。そのうえで、熊本判事は裁判長と話し合った。説得できるという自信もあった。裁判長には、反対の意見にもよく耳を傾けるという真摯な態度があったから、聞いてもらえると信じたのだった。当時、裁判長は五十歳くらいで、戦争も経験していた。話のなかでは意思の疎通もうまくいき、熊本判事の意見に賛成するような雰囲気だった。しかし、三人の合議になって蓋をあけてみたら、結局は裁判長は有罪という立場を取った。熊本さんは愕然としたが、裁判長が多数意見の立場に立った以上、どうしようもなかった。右陪席判事ははじめから見込みがないと思っていたが、その通りとなり、二対一で熊本判事の無罪とする判決案は敗れた。

熊本判事にとって、有罪と決してからの判決文を書くのは辛かった。気の抜けたような状態になった。自分にとっては一種偽装的な判決文を書いてから公判に臨むのも辛かった。無罪の判決を期待しているに違いない袴田被告の顔を見るのはさらに辛かった。判事の側は、袴田被告が死刑の判決を受けることはすでに知っている。彼はまだ知らない。その緊張のなかで彼の顔を見るのは本当に辛かった。それでも、裁判長が「被告人は死刑」と言ったときまで、熊本判事はずっと袴田被告の顔を見ていた。袴田さんはそれまでは元気な顔をしていたが、その死刑判決以後はがっくりしてしまって正視に耐えなかった。それは熊本さん自身の無力のあらわれのように感じられた。裁判長を説得できなかったこと、そのことによって袴田さんを冤罪から救えなかったことが悔やまれてならなかった。

裁判長が袴田被告を無罪にすることに踏み切れなかったのには、二つの理由があったと熊本さんは考えている。第一には、世論では圧倒的に袴田犯行説が多かったこと、つまり裁判官は世論に弱いということ、第二には、警察・検察の四十五通にものぼる自白調書に込められた「努力」を無にできないとする「ご苦労さん」意識がはたらいたこと、つまり裁判官と警察・検察の司法同士というもたれあいの仲間意識がはたらいたせいだ、と熊本さんは考えている。熊本さん自身は、その一九六八年九月の死刑判決のあと、「裁く人」の立場に良心の痛みと限界を感じて職を辞してしまった。その後「袴田事件」の控訴審は一九七六年五月に棄却となり、上告審も一九八〇年十一月に棄却となって死刑判決は確定した。以来、二十七年間、袴田さんは無実を訴え、再審請求をつづけてきた。

熊本さんが、この「袴田事件」にたいする静岡地裁の経緯を告白する気になったのは、第一には七十歳になった自分にとっては、いまが最後のチャンスだと考えたこと、第二には一審判決以来の死刑判決が最高裁まで維持され、もう四十年以上も獄中にあって苦しんでいる袴田さんを何とかして救いたい、その再審請求に役立ちたい、このまま冤罪で死刑になれば殺人に手を貸すことにもなりかねないと思い、真犯人が名のり出て欲しいと願ったからだという。そして熊本さんは、自分が判事のころよりも様変わりする裁判官の官僚化ということに大きな危惧を抱かざるを得ない現状にあって、裁判官たちが全人格を賭けて結論（判決）を出せるような裁判を行ってほしいという願いを募らせたことについて語った。その意味では、熊本さんには自分の「袴田裁判」の経験を通じて、一石を投じる思いもあったようだった。その思いは、裁判は人間が行うものだから、その裁判官個人の全人格的な可能性において審理し、判例の機械的な応用に終わらない裁判を願っているという熊本さんの締めくくりの言葉にもよくあらわれていた。

2

以上は、熊本さんの講演を聞いて私なりに要約したものであって、これにはあるいは熊本さんから見れば異議のある点もあるかもしれない。そのことは私の責任に属することだとして、私の感想をつけ加えると、二つのことがあった。一つは、私が何よりも感動を禁じえなかったのは、裁判官がどこまで被告の立場に接近しうるかということについて、熊本さんがその可能性のぎりぎりのところまで示したということである。熊本さんの悲しみと負い目が袴田さんの悲惨に限りなく近づくかたちで示されたことによって、刑事的な冤罪事件の持つ残酷さと不条理も露わになった。冤罪はその被告人だけではなく、その裁きに責任を持つ裁判官にも巨大なダメージを与えるということも証明された。それはもちろん、裁判官と被告人の間にある司法の壁、あの裁壇ともいうべき高いテーブルの陰に隠れてしまうことを習慣としている官僚的な裁判官にはあり得ないダメージである。

この点、熊本さんは違っていた。熊本さんには、その裁壇の陰に隠れることができなかった。それができないために、被告人のところまで降りていった。この裁壇から被告人席までの実際の距離はごくわずかなものであるが、真実のための歩みとしては千里の距離を示している。熊本さんはその千里の道を厭わずに降りていった。その苦悩の歩みが彼の頰を涙となって濡らしたのである。

判決とは、裁判官にとって、人間の生命の重み、そして日本という国の重量を秘めた司法の重みを全身で背負うような責任の意識と不可分のものであろう。それゆえに、判決の評決に敗れた熊本さんは泣いた。か弱くもあり、疑わしくもある被告人の生命の重みと、その国の司法に託された重みとの間にあって、その重みの等価性を自覚し、真実の発見のために審理を尽くした裁判官であり、かつまた無罪の心証を持ちながらそれを全うできなかったという自覚において、その涙はあった。

日本の裁判史のなかには何千人という裁判官が登場したのであろうが、熊本さんのような悔い改めて告白した裁判官は前代未聞であろう。それは彼の涙の前代未聞をも語っている。彼の告白は、裁判所のタブーを破ってその判決の内幕を話したというだけではない。被告人のところに降りて行き、自らの裁きの足りなさを悔いて涙を流したということが重要なのである。それは熊本さんという裁判官の個人のストーリーをこえて、裁判制度という大きなストーリーの不条理を語っているからである。官僚主義によって干涸らびてしまった多くの裁判所には、熊本さんが流したような涙はほとんど一滴も残っていないということは、昨今の判決の数々が語っている通りである。

二つには、死刑制度の不条理という問題である。これは裁判制度そのものの不条理と言い換えてもいい。人が人を裁くという根本的な不条理である。法があるから裁くのは当然だとする意見があり、それはまた法があるから死刑も当然執行すべきだという論理につながるが、この不条理は法をもって簡単にこえられる問題ではない。法の支配は人命の窮極の支配（殺傷）の原理とはならないし、その矛盾を根本的に解明しているともいえないからだ。これを立法府の多数の意見で決めるというやり方は、個人の尊厳を窮極の価値とする立憲主義とも相容れないといえる。死刑制度は人命を必然的に殺傷する戦争制度と同じように、国家の暴力を示すものであり、国家犯罪の一形態であることを免れない。

熊本さんが語る「袴田事件」は、その国家（法）の暴力の矛盾をあますところなく示したと見ることができる。三人の裁判官がいて、二人が有罪（死刑）を主張し、一人が無罪を主張する。数的にはたしかに二対一であるが、生殺与奪の正当性を計る数として考えたなら、この二と一の間にどれだけの本質的な相違を示すことができるであろうか。しかも、「袴田事件」の場合、その票決の基礎となる警察・検察の証拠は、密室で作られた四十五通の調書に象徴されているように客観性と任意性に乏しいものばかりであった。それも、逮捕拘禁されて二十日目にして「私がやりました」と自白させた「人質調書」とも「拷問調書」ともいえる疑いを強く示すものばかりだった。片や公判では、袴田さんは「私はやっておりません」と明快に述べていたのであるから、これら「密室」と「公判」という根本的に異なる条件下における二つの言葉を基本にして有罪無罪の評決をするなら、先の二対一という有罪評決の不合理はいっそう浮き彫りになるといえる。

この「二」という多数には、人間が二人以上集まってつくる集団ないし組織という問題が深くかかわる。日本人にとって集団における多数派とは特別な意味を持っている。多数派からの同調圧力が組織的な力学として作用するからである。聖徳太子の時代から、「和をもって尊しとなす」という言葉をもっている日本人は、その後の村落共同体の歴史を経た近代においても、その「和」によって結ばれる人間関係に秘められた同調性が「同調圧力」ともなって相互の人間の独立性を侵す事態をしばしば経験した。福澤諭吉はいみじくも「一身独立し、一国独立す」と言ったが、その一身が一国のために障害となるという偏見も根深く、現行憲法が成立するまでの近代史は、法的にも「個人の独立」を厳しく制限してきたのは歴史が示す通りである。明治新政府がその出発にあたって一方で「五箇条の御誓文」を出して個人的な知識や論議をすすめながら、同時に他方で「五傍の掲示」を出して個人の意思による結集や宗教の自由を禁じる措置をとったのも、個人を恐れてのことだった。早くもその翌年には官許納本制や出版条例を定めて言論の統制に乗りだしたが、この官制による窮極の法的コントロールが治安維持法に行きついたことはよく知られる通りである。

裁判所もまたそうした歴史のなかにあって、現行憲法にいう裁判官の独立という問題を、その理念通りに実現しているわけではない。とくに地裁・高裁の裁判長が主導する三人制のシステムは、その仕組みからして裁判長と陪席判事との間に独立性を確保するのを困難にしている。実際の審理の結論たる合議において二人の陪席判事が裁判長の判決方針を覆したという例があるのかどうかは分からないが、おそらくないのであろう。二対一という評議の対立はあり得ても、裁判長が一となり、陪席判事が二となるケースは絶無であると見て間違いがないように思われる。すると、現実に展開されている膨大な裁判において、最高裁を除いては裁判官の独立という問題は、高裁以下の裁判所の内部においては機能していないと疑うことができる。そうであれば、主権者たる国民は——裁かれるのは常に国民であるから——、この「二」という多数者の問題、なかんずく裁判長の主導性という問題についてあらためて注目しておかなければならない。つまり、裁判長に、法の民主主義という問題をより合理的、倫理的に厳しく認識させるための議論を通して、二人の陪席判事の独立性を保障するための諸条件を整えていくことが、冤罪防止のためには不可欠となる。熊本さんが語る「袴田事件」は、そうした裁判の民主化という問題に眼を向けることの重要性をも教えているのである。

司法は当然のことながら、人間の犯罪容疑を固定化して罪を押しつけることに使命があるのではない。事件の真実の探究こそ使命である。このことはとくに裁判所にとって言い得ることである。裁判官は、被告人が発する「やってない」という痛切な声のなかに彼らの人間としての言葉を聞き取らなければならないのだ。それはいわば、窮地に立たされた者たちの人間宣言なのである。熊本さんは袴田巖被告のなかにこの人間宣言の声を聞き分けることができたから、その人間の生死にかかわる事柄を、二対一というような裁判官の数の多寡によって裁くことに不条理を感じたのであろう。判決は多数決できめられても、人間の生死の線引きを多数決できめることはできないからである。熊本さんは、袴田巖という作られた被告人と対面し、そのことを根本から認識したすぐれた裁判官であったから、その四十年後に自らの「無罪の心証」を公表することができたのであろう。

そもそも、数の多寡をもって人命を奪うという問題は、法の根本にかかわる不条理である。それは歴史が教えている。アテナイのソクラテスは二千四百年まえに、そのことを最初に証明した人である。アテナイの陪審員たちがソクラテスの言論に死刑評決を示したのは、真実の発見への確信からではなく、多数者の声を民主主義の法だとして少数者を圧殺する強権の措置としてであった。いわば、死刑への欲動にとらわれた多数者の野望のなせることであった。この多数者を根拠とした強権は、「袴田裁判」にあらわれた二票の死刑票の本質をもなすものである。なぜなら、その二票は票の多数をあらわすだけであって、さきの自白調書や捏造の疑いの濃い「血のついた衣類」にみられたように、裁く者の真理や正義をあらわすものではないからである。ソクラテスの時代の国法がそうであったように、現在の日本の国法もまたそれを「法治」の評決として認め、死刑判決を合法としているだけである。熊本さんの告白は、こうした法の根本的な矛盾の問題をも提起したといえる。

そもそも高裁までの裁判制度における三人制は、裁判官の独立性を強化するものとはいえず、多くの場合においては、むしろそれが悪しき集団性をなして、その裁判官個人の独立性を稀薄化させてしまう恐れがつよい。司法という閉鎖的な小社会のなかでの同調圧力によって裁判官の独立性が侵されてしまうからだ。一人よりは三人集まって文殊の知恵という具合には行かないのが裁判制度である。二人集まれば一つの組織となって、その組織の方が一人の独立した個人よりも非人間的になるという実例は、大岡昇平の名作『俘虜記』の「撃たない兵士」という存在が示した通りで、二人以上の軍隊の組織的構成下においては「撃たない兵士」は存在できないと大岡が述べている通りである。裁判という組織もこの点、軍隊組織と同じように組織的な圧力がはたらき、個人の良心が容易に発揮できない仕組みになっている。裁判官がこの仕組みに鈍感になるなら、その司法という閉ざされた世界に安住し、裁きの人として背負うべき世界性や普遍性から自己をも閉ざしてしまうことになる〔この点、二〇〇九年から実施されようとしている「国民裁判員制度」はその国民を専門裁判官たちのための「兵士」としてしまう危険を示唆している〕。

それゆえ、裁判官は法に名を借りて犯罪を裁くことができると同時に、しばしば冤罪を作り出す。この矛盾を解くために、日本の裁判制度は再審制度を設けているが、それはほとんど死んだ法も同然の実態である。二十七年にも及ぶ袴田さんの再審請求は却下されつづけている。現実の司法が冤罪を作りだし、再審の法は死んだも同然というなかにあっては、個人の尊厳を原理とする法の立憲主義は絵に描いた餅ということになるし、実際にその通りになっている。このため、冤罪被害者はもう何十年も、この再審法の生煮えとその官僚主義の所産である不味い餅を食わされてきた。おそらく、司法の官僚主義者たちは、被告人や受刑囚との間には相互主義的なものは何もないと頑固に信じているのである。司法という国家の正義は常に我が裁きの側にあると考え、彼ら被告たちは常に不正義と犯罪の汚辱のなかにいると考えているのである。この一方にしか精神がはたらかない司法の世界は、閉ざされた世界であり、それを開く鍵はその内部には存在しえないことを示している。

冤罪に加担させられることになった熊本さんの苦渋に満ちた話は、その閉ざされた世界の姿を明らかにしたものだった。それは告発というよりは、その世界を経験した者の悲しみと苦しみをよくあらわすものでもあった。それはまたそう簡単に脱出できる世界ではないことをも教えている。これはなにも司法の世界ばかりのことではない。正義のまえでの少数者の悲哀である。袴田さんが二対一という、それほど根拠のない評決によって死刑となり、四十年も解放されることがないのは、そのもの言わぬ法の人間的な縮みや歪みのせいである。それゆえに、熊本さんの悲しみに満ちた懺悔は、それでいいのですかという現実的な問いかけをしているように思えるのである。あなた方自身がこの閉ざされた世界を開ける鍵なのですよ、と。

私たちの周りに困難は山ほどあるが、それと向き合い、その困難を通じて自分の思想を深め、それを解く鍵を見つけなければならないと思う所以である。熊本さんの話にそって考えると、このことが法と国家に責任を持つ主権者たる私たち市民にとって不可避の課題であると思われる。この意味で、「袴田事件」は市井の一刑事事件であるが、同時に今日の日本を語る国家的で普遍的な事件であることを、熊本さんは教えてくれた。熊本さんはその自らの懺悔の涙によって、一人の裁判官としての良心を語ると同時に、法と国家についての大きな物語をも語ってくれたのである。司法の権力は袴田さんの生命を奪うことはできても、彼の四十年をこえる無実の訴えとこの熊本さんの良心の涙を消してしまうことは決してできないであろう。

《補足》

この原稿を校正していた二〇〇八年三月二十五日、最高裁第二小法廷（今井功裁判長）は、袴田巌死刑囚と弁護人側が二〇〇四年九月に特別抗告していた再審請求を二十四日付で棄却する決定をしたというニュースが伝えられた。一九八一年四月から行われていた再審請求の二十七年にわたる無実の叫びが報いられることはなかったのである。最高裁は、「客観的な証拠だけで犯人と認められる」と断定したが、その「客観的な証拠」のすべてが疑わしいものであり、事件から一年もあとに「発見」されたという「血のついた衣類」など、証拠の捏造疑惑が濃厚であり、警察による証拠捏造の犯罪さえ窺わせる事件であったにもかかわらず、最高裁はそうした疑わしい事実に蓋をするかたちで、再審の道を閉ざしたのである。

また、この第二小法廷は、「憲法違反など特別抗告できる理由がない」とも断定したが、「袴田事件」に見られた数々の自白の強要や拷問など捜査の違法な手続きは、「何人も、法律の定める手続によらなければ、その生命若しくは自由を奪はれ、又はその他の刑罰を科せられない」（憲法第三十一条）と「公務員による拷問及び残酷な刑罰は、絶対にこれを禁ずる」（憲法第三十六条）などの条項に違反しているのは明らかであるから、これだけでも「憲法違反」に該当する理由があるというべきである。こうした理由を見逃すなら、これらの憲法条項は絵に描いた餅にしかすぎなくなる。

とくに問題として無視できないのは、今回の最高裁にいたる各級裁判所が袴田さんを「殺人犯」とする証拠とされた「血のついた衣類」が事件から一年も後に味噌タンクのなかから発見されたという「物証」問題について解明をしなかったことである。袴田さんは事件後四十九日目に逮捕されたのであったが、その間、徹底的に監視されていたなかにあって、その疑惑の衣類を工場内の味噌タンクに棄てることなどできるはずもなかった。しかも、警察は事件後、味噌工場を封鎖し、タンクも含めて徹底的に捜索したのであったが、その時にはそれらの衣類は発見できなかったのである。しからば、だれがそれを味噌タンクのなかに投じたのか。

ここには警察の権力犯罪を疑う合理的な理由が生じる。厳しい警察の監視のなかで、味噌工場に入ることができるのは、当の警察関係者かその意を受けた者しかありえないからである。しかも、すでに始まっていた公判において、袴田さんが無実を主張していたなかにあっては、警察にとってはその捜査と立件を正当化するために自らの利益につながる「証拠」の必要が求められていたからである。この意味では、弁護団が「警察の捏造」と主張したのは当然であった。その「証拠の捏造」とは、文字通りの「権力の犯罪」であるが、最高裁に至る各級裁判所は、この点について法の目を向けることはしなかったのである。

さらにまた注目すべきは、この同じこの第二小法廷はさる三月十四日にも「横浜事件」の再審裁判における上告を棄却し、さらには四月十一日にも、立川市民の自衛隊のイラク派兵反対のビラ配布事件についての上告を棄却し、二審の有罪判決を確定させた。これは憲法第二十一条が定める「表現の自由」を抑圧する判決として歴史的な意味を持つことになるだろう。そして、これら三つの事件、つまり「横浜事件」、「袴田事件」、「立川ビラ配布事件」が今井功裁判長の主導する最高裁第二小法廷によって行われたこと、それらの判決が全て国民に背を向ける治安権力的な方向を示していることに注目しておかなければならない。

植草教授の「痴漢冤罪」事件が語ること

1

痴漢冤罪という問題は、二〇〇七年に周防正行監督の『それでもボクはやってない』という映画が公開されてから、一般社会にもある程度知られるようになったが、その被害を受けた人たちの内実やその事件の本質についての理解や認識についてはまだまだ少数者の領域に留まっている。

この問題の深刻さは、公共交通機関などにおける痴漢行為があとを絶たないという状況のもとで、社会的な指弾が強まるなか、冤罪事件としての痴漢事件が発生したときに極点に達する。これは痴漢行為ではない所作が痴漢行為として摘発されて事件化されることを意味するものであるが、その無実を証明することが容易ではないということがまず第一にある。同時に、無実であってもそれが証明されるまでの期間、その摘発をうけたということ自体が社会的な諸関係に直結してしまうという問題である。電車に乗って出勤途上に起これば、それはただちに勤務先の問題に直結する。職場の人間関係、あるいは友人・知人の関係、そしてさらに深刻なのが家族の関係である。家族に、児童生徒がいればそれはその学校関係にも影響は広がってしまう。

たしかにこうした事柄はすべての犯罪行為との関係に付随することであるが、大多数の人間からみれば、自分自身が巻き込まれるような犯罪行為は滅多に発生するものではないが、痴漢犯罪の場合にはそれに巻き込まれるケースが容易に起こりうるという問題である。周防監督の映画が大きな反響を呼んだ背景にも、そうした社会状況が作用していたと見ることができる。

痴漢事件は冤罪事件としてだけではなく、その種の事件が発生すること自体が深刻な人間と社会の状況を反映しているのであるから、痴漢冤罪事件を論じるまえに、痴漢事件そのものを論じなければならないが、ここではその極点としての痴漢冤罪の問題に絞って若干の考察をしたい。というのは、その極点（痴漢冤罪）の極点（意図された痴漢冤罪）ともいうべき権力の偽装による仕組まれた痴漢冤罪ともいうべき事態が生み出されている気配だからである。周防監督が描いた痴漢冤罪事件は、それを摘発したり証言したりした第三者に、意図的に特定の人物を痴漢行為者としてを作り出そうとした人物はいない。状況のあいまいさや証言者などの過剰な正義感が、期せずして「犯人」をつくりだしてしまったケースである。それが一般的な意味での痴漢冤罪事件の恐ろしさである。

しかし、それ以上に恐ろしいのは、この痴漢問題が権力によって利用されて、事件として作り出された時である。さる二月（二〇〇八年）にサイパンで突然逮捕された三浦和義氏の場合を見ても分かる通り、ロス市警は彼のブログを監視していてサイパン渡航の日程を把握し逮捕の措置を取ったのであるが、これは一ロス市警の対応や姿勢に止まらず、「警察国家」の状況を呈している情報管理国家に等しく共通する事態である。つまり、彼ら治安当局は、隙さえあればターゲットとした人物をいつでもどこでも捕捉できる治安体制を敷いているという状況を示している。そして、この状況のもとでは、そのターゲットとした人物にたいして痴漢冤罪事件を仕掛けるのも、「国策」の一つになりうるのである。

そうした仕組まれた「痴漢冤罪事件」の様相が濃厚な事件として、私が聞いている事件は二つある。一つは、二〇〇六年に通勤途上で痴漢行為をしたとして摘発された国労岡山地方本部の副委員長をしていた山本真也さんのケースである。この山本さんは四か月も鉄道警察によって尾行されたという状況のなかで、ある日の満員の通勤列車から降りようとした時、若い女性から「痴漢したでしょ」と一方的に突き出されたケースである。そのうえ、逮捕後の否認によって、五十七日も勾留された。この勾留期間は、あの国政を揺るがした防衛省の守屋武昌元事務次官の勾留日数よりも一日長かったのである。このこと自体がすべてを語り尽くしているといえる。何百回となく贈収賄ゴルフをくり返し、防衛省の事務方トップの座にあって妻まで相伴させて甘い汁を吸ってきた守屋元次官と、電車のなかで身に覚えのないことで女性から一方的に痴漢容疑者とされた山本さんを比べたら、その勾留日数からうかがえる司法の歪みは一目瞭然であろう。この山本さんの事件はその後の公判で、警察の実況見分と「被害者」とされた女性の証言が大きく食い違うというような事実も露呈しているといわれるが、私には容疑の不透明さ、そして長期尾行や長期勾留の実態からみて、作られた冤罪の疑いがきわめて濃厚だと思われる。

ではなぜ、山本さんがそのような「痴漢犯罪者」というような摘発を受けたのかといえば、そこに労働運動と政治運動をめぐる二つの要因があったのではないかと思われる。その一つの労働運動にかかわる要因とは、山本さんが三役にいる国労岡山地本が国労本部にたいして批判的な立場の執行部体制をつくったことについて、それが今後の国労運動の戦闘性を増大させることになってはならないという警戒である。資本と政治の支配層にとっては、国労潰しに半ば以上成功したとはいえ、その部分的な復活にしても悪夢の再来を意味するからである。

もう一つの政治的な要因は、国労岡山地本に影響力を持っている「人民の力」派「大道」の活動家たちが力が増してきていることにたいする警戒であろう。彼らが労組から独立した政治的集団として、「問われ続けているのは、国家権力犯罪に屈服した社会党・総評ブロックと、国鉄労働組合である」(『大道』三十二号)とするような論理のもとに、国労全体の「階級的強化」

を視野に入れた活動を展開していることへの警戒である。何とも気になるのであろう。彼らにとっては、芽は若葉のうちから摘んでおかなければならないのである。

この種の政治的警戒をストレートに出した弾圧事件としては、すでに関西地区生コン労組支部への弾圧事件があった。これは、大手資本を相手にして経営と労働を守るために展開している運動に対する弾圧である。その理由は、中小企業経営者と労働組合との連帯をめざす活動に違法性があったというものであるが、すでに武建一委員長ら八人が逮捕起訴され、一部の被告には有罪の地裁判決が出されている。国労岡山地本の場合は、関生《かんなま》型のストレートな弾圧事件としてではなく、労組役員に「痴漢行為」という手の込んだ仕掛けを行い、労組指導部からの組合員の反発や離反を策し、その運動の弱体化を謀ったと見ることができる。現状でのこの種の「痴漢冤罪」事件は、社会的な事件としての深刻さにおいてはささやかなものと見えるとしても、その労働運動の幹部を権力的な謀略に組み込んで抑圧するという問題は、合法的な労組活動に警察が介入し、市民的な民主主義を突き崩す策謀として重大であり、その警察のあり様の問題としても実に深刻な問題を孕んでいるといわなければならない。この意味で、山本事件を決して個人的な問題として見ることはできないのである。

これから問題とする植草一秀教授の例も、この警察の関与が疑われる「痴漢冤罪」事件として注目されているケースである。犯罪被害者の深刻の度合は、地位や立場の軽重によって計られるものではないが、その自己の努力によって大きな成功を収めた人が、この種の事件にはめられて社会的な転落を余儀なくされるというのは、もう一つの悲劇であることはたしかであろう。植草教授の例は、そうしたことも考えさせられる事件であった。

2

（1）司法当局によって語られた「事件」

植草教授（事件後、彼は教授の職を追放されたが、以下その当時の職名を使用するのは、事件によって失ったものをも象徴する意味を持つからである）の「痴漢事件」なるものは、当然のことながら、司法当局側の語りからはじまった。警察による逮捕、検察の起訴、そして二〇〇七年十月十六日の東京地裁（神坂尚裁判長）によって行われた懲役四月の実刑判決である。つまり、植草教授は東京都迷惑防止条例違反にあたる「痴漢行為」を電車内の女子高校生に対して行い、刑罰を受けたというものである。

その犯罪の被告人とされた植草教授は、その「現行犯逮捕」の二日後にはじめて「被疑事実」

を知らされた二〇〇六年九月十五日以来、一貫して容疑を否認してきた。また、このことについては、私も呼びかけ人の一人である「警察・検察の不法・横暴を許さない連帯運動」でも、その判決二週間ほどまえに彼の冤罪被害について本人から話を聞いたということがあった。この時、私は植草教授を初めて見た。テレビでは何度も見たことがあるが、実際の教授と会うのは初めてであった。つまり、植草教授は単に「教授」であるだけではなく、全国ネットのテレビによく出るような売れっ子の経済評論家でもあった。その植草教授が「痴漢事件」を起こしたと聞いて、私はびっくりすると同時に「ほんとかな」という思いも抱いた記憶があったから、実際の植草教授に会うのには興味もあったのである。

さて、その語られてきた「事件」について、植草教授側と司法当局側の両者の言い分を要約すると、以下のような経過となる。事件が起こったのは、二〇〇六年九月十三日。植草教授は、関係している会社の懇親会の宴席に招かれてビールと紹興酒を大量に飲んで相当酩酊したまま帰路に着いた。品川駅から電車に乗ったのである。午後十時八分発という電車であったが、ここで植草教授は一つのミスをしたらしい。京浜急行から自宅のある泉岳寺方向へ行く電車に乗るはずだったが、酔っていたので反対側の久里浜方面に行く電車に乗ってしまった。しかし、このことについては、植草教授は乗り込んでから違う方向の電車であることに気づいたが、「まあいいか」と思ったというから（植草一秀『知られざる真実』イプシロン出版企画）、厳密にいえば「ミス」とはいえないかもしれない。

とにかく、そのかなり混む電車が走り出して間もなく、同じ車両の近くにいた女子高校生が声を発して痴漢行為を摘発した。このとき肝腎なことは、女子高生がだれかを特定して犯人を摘発したのではなく、犯人不特定のままにその「痴漢行為」があったという事実だけに抗議の声を上げたということである。この間、耳にかけていたヘッドフォンを外すというような動作があったために、その「だれか」を特定することができなかったようである。そこに一つ問題が生じた。痴漢行為摘発のむずかしさである。周りの乗客も、その抗議と摘発の声には反応するが、彼らにしても注意して見ているわけではないので、その犯人を特定することはむずかしい。

一方、植草教授の方は、その被害者が行為者を特定できない状況のなかで、そうした問題とは関わり合いたくないという思いで眼を閉じてじっとしていたという。この状況が植草教授には不利にはたらき、「犯人」扱いされてしまうことになった。被害者女性は振り返って、斜め脇にいた教授を犯人だと思い込んだのである。その被害者の反応によって、周りの乗客が教授を左と後方から抑えつけたので、教授は一瞬のうちに身動きができなくなった。

そのあとは、事態は定番通りにすすんだ。つまり、植草教授は周りにいた男たちに取り抑えられ、蒲田駅に着いたところで駅員に突き出された。駅員は警察に連絡し、警官はかれを署に連行するという具合にである。しかしこの間、一つだけ特異な事が起こった。駅員に突き出されたあと、その駅員の隙を見て、植草教授が自らのネクタイを首に巻き付けて自殺を図ったことである。幸い、それは駅員にすぐに見つかり未遂に終わったが、この記述（さきの『知られざる真実』）を読んだとき、私は強い印象を受けた。それはまえに「痴漢事件」とされた事件に遭遇して痛い目にあった者に残る残酷な精神的後遺症のあらわれとも取れるし、同時にまた逆に「犯行を悔いた」行為としての罪証の一つとも取れる行為だからである。

この行為に関係する教授の公判での意見陳述書は、つぎのように述べている。私は「とにかく女性（被害者）から話を聞いて誤解を解かなければならない、そのことだけを考えていました。警察に引き渡されてしまえば、なす術もなく犯人に仕立て上げられて、悲惨な報道被害、冤罪被害に直面することは間違いないと思い、とにかく警察が来る前に女性と話をして誤解を解かなければならないと考えました。ところが、女性と話をすることは、私をつかまえた二人の男性と蒲田駅職員に力づくで阻止されてしまいました。そうなれば、悲惨な事態に突入してゆくことは間違いなく、家族を含めて惨事に巻き込まれるのを遮断するには自分の命を断つ以外にないととっさに判断して蒲田駅駅務室内において自殺を試みました」

この意見陳述書は、痴漢事件容疑という一見微罪容疑に見える事件でも、教授のような立場に立つと、きわめて深刻な状況を引き起こすことがあることを教えている。したがって、これを単純に罪証のあらわれとは見ることができないであろう。そして肝腎なことは、植草教授が九月十五日の検事の取り調べで「被疑事実」について知った後は、「痴漢行為をしていない」と一貫して否認しつづけていることである。弁護側目撃証人も、「被告人は吊革につかまってだれとも密着せずに立っていた」と証言していた。

ところが、東京地裁は、この植草教授にたいして、「不合理な弁解を弄しており、真摯に反省しようとする姿勢がまったく認められない」「一年半もたたないうちにまたも犯行に及んでいるこの種の事犯に対する規範意識に相当問題がある」「再犯の恐れも否定できず、もはや社会内での更生は期待しがたい」と断罪した。また、弁護人の「真犯人説」についても、「証拠上まったくうかがわれず、弁護人が独自の推論で可能性を指摘するものに過ぎない」として退け、「痴漢はしていない」という弁護人主張についても、「被告すら認めている事実関係とも内容が違う。車両に乗っていたことと事件を目撃されたことの両面で相当の疑問を差し挟まざるを得ない」として否定したのである。あたかも、電車に乗っていたという事実と、その事実を確認できる被害者側の目撃証人――彼は教授の痴漢行為そのものを目撃したのではなく、その被害者の近くに教授がいたということを目撃したにすぎなかった――がいれば、痴漢犯罪の容疑者とされるのは仕方がないといわんばかりの論理である。

裁判所は、植草教授が事件二日後の九月十五日に「被疑事実」が明確になって以来一貫して否認している事実を認めず、その何故に逮捕されたかの事実関係が曖昧ななかでの「二日間の言動」を、「被告すら認めている事実関係」としてあたかも植草教授が逮捕時に痴漢行為を認めたかのように拡大解釈をし、その十五日以降の「痴漢はしていない」という主張を「弁解を弄する」ものとして退けるという強引な認定をしたといえる。この認定は逮捕時に警察が作成した植草教授にたいする「取扱状況報告書」を根拠としていると思われるが、植草教授はそれは警察が捏造したものだと主張している。

これらの司法の側の論理において問題となるのは、「累犯」とされた二〇〇四年四月の駅ビルのエスカレーターでの女子高生のスカートの中を手鏡で覗いたとされた事件である。一部の週刊誌メディアが「ミラーマン」などとして興味本位に報道した事件である。植草教授のような「有名人」の場合、この種のメディア問題は、事件容疑に付随して起こされるもう一つの被害といえるものである。ついては、植草教授が警察との妥協によって罰金五十万円の支払いをする羽目になったのも、このメディア被害を恐れてのことだった。しかし、それがどのようなものであれ、一旦確定されれば、それは「累犯」の「前歴」とされる。警察にしてみれば、その教授の外部に「知られたくない」という思いをうまく利用して供述調書の作成に同意させたわけである。つまり、植草教授は女子高生のスカートの中を「のぞこうとした」というような内容の調書である。このことは、警察の脅迫などの理由があったとしても、コトが刑罰にかんすることであれば、「やってないことはやってない」という主張を貫く以外に権力が作り出す冤罪とたたかうことはできないことを教えている。

この点、植草教授のエスカレーターのケースでの対応には甘さがあった。それは司法当局側の行為を正当化する「弱点」となるだけでなく、今回の自身の実刑判決にも「累犯」として利用され、保釈金も六百五十万円を課されることになったことにおいて、不当なかたちで実証されたといえる。

(2) 事件の本質

しかし、植草教授の今回の事件の本質は、それら司法当局によって語られたところにあるのではなかった。逆に、本質は「語られなかった」ところにあった。それは何か。「警察国家がここまできたか」と思わされる事態の中にあるものである。それはさきの二〇〇四年のエスカレーターでの「手鏡事件」と今回の女子高生「痴漢事件」において認められる事実である。それを証明する具体的な事実とは何か。警官による尾行追跡である。これまで、警察の尾行というような問題は、左翼や右翼の活動家などにたいする専門領域の問題であった。公安警察（警備警察）はその警察任務の相当部分をその左翼対策としての尾行など情報収集に当ててきたことはよく知られていることである。ところが一九八〇年代末の中国「天安門事件」や東欧諸国の脱「社会主義」路線の探求のはじまりとともに、急速に左翼勢力が退潮して以来、公安警察はその情報網を全般的な社会各層に振り向け、その管理の範囲を拡大するとともに個別化してきた。左翼的な反政府的な活動に限定せず、知識人や学者層までもプロファイリングできるものとして整備してきたのである。

その準備のもとに、植草教授のような保守的リベラルと目される人にまで尾行をつけて監視するような体制が作られていたのである。よくいわれている「国策捜査」という言葉でいうと、その徹底のための治安対策の強化という問題である。なぜ、植草教授のような保守リベラルまで治安政策の対象となるのかといえば、彼が小泉政権の経済政策にたいする有能な批判者として登場してきていたからである。なかでも、国政の中心課題の一つであった金融・銀行政策について、当時の竹中平蔵経済相が中心になってすすめていた改革政策を批判し、りそな銀行をめぐる対応の矛盾を鋭く追及していたという問題があった。つまり、その追及は彼らの経済政策が国民の目には見えないところで、犯罪的な領域にまで入り込んできている疑いにたいする警告を含むものであったから、小泉政権としては座視できない論議であった。これらの批判論理はのちに教授自身によって、竹中大臣らが銀行潰しの政策を巧みに演出しておきながら、その実巨額の公的資金を投入して救済するという政策変更を行い、巨大なインサイダー取引の機会を小泉政権の周囲に造出したという犯罪的政策として纏められた。

いわば、影響力の大きいテレビ・メディアに登場した批判者である植草教授と、小泉政権による経済政策との対決構図が次第に明らかになりつつあった時点で、植草教授は追放のターゲットとされた恰好であった。その追放のためには、さまざまな機関がさまざまに検討し、さまざまな策が立てられたであろうが、治安当局によって採用されたのが、「痴漢容疑」の前歴がある教授を尾行し、その行動に疑惑を差し挟む余地が生じた場合にはただちに事件化するという「国策」であったと見ることができる。

その「国策」的対応の具体例にあらわれたのが、二〇〇四年のJR品川駅での女子高生にたいする植草教授の「手鏡事件」であった。これは横浜市に講演に行った教授の帰路を二名の警官が品川駅まで執拗に尾行して事件化したものであった。その尾行については、横浜駅のエスカレーターでの挙動不審というような話のもとに始められたものであったが、その挙動不審というのは女子校生にたいする「盗撮」容疑というようなものであった。ところが、その品川駅までの尾行によっても不審な点がないと分かると、彼らはいきなり職務尋問をして携帯電話の提出を求め、その写真機能を点検したがそこに盗撮映像がないとわかると、持ち物検査によって偶然に見出した手鏡を利用して、今度は「覗き」という「手鏡事件」を作り出した。教授にしてみれば、手鏡は講演やテレビ出演の折りなどに使用する身だしなみの小道具の一つとして携帯していたものであったが、警察はそれを違法な「覗き」の道具とみなしたのである。その事件の作られ方の異常に驚き、かつ怯えもした植草教授は、この時「認めれば内密にすます」という話に妥協した。このあたりは、警察の追及に圧されて、また週刊誌的なメディアのスキャンダル報道を恐れて内密にできるならという弱気の思惑もはたらいたのであろう、教授は結果的に「五十万円の罰金」と「手鏡没収」ということになる警察の対応を容認した。この意味では、当時の教授は、その自分がターゲットとされた「国策」の何たるかについての自覚も認識もほとんどなかったといえる状況にあったといえる。

今回の判決となった「痴漢事件」も、関係会社への懇親会に植草教授が出席することを予め知って、警察がその帰路に張り込み、電車内にまで尾行して、痴漢事件を演出したものと見ることができる。これは植草教授側には反証不可能な秘密工作といえる類のものというほかないものであるが、その一端は教授を乗客が取り押さえたとされる電車が問題の蒲田駅に着いてからわずか二分余のうちに警官に出動命令が出ている事実にあらわれた。おそらく、尾行の私服警官から迅速な連絡が入っていたのであろう。つまり、それらの警察の対応の素早さは――これは一般市民がストーカーの不安で相談に行ってても容易に対応してもらえないでいる間に被害にあってしまったようなケースが続発している事態と比べてみると明快であろう――、彼らが植草教授をターゲットとして尾行していた疑いを強めるのである。

そうした事態を考えると、さきの「手鏡事件」も含めて、これら二つの事件の「痴漢事件」の本質は、植草教授の個人的な問題のところにあったのではないと思わざるをえない。まったく個人責任がないとは思わないが、その事件の本質は別なところにあるとみなければならないからだ。今回の判決が言うように、植草教授が女子高生に痴漢をはたらいたというのであれば、それはたしかに「女性の人格を無視するのも甚だしい身勝手極まりない犯罪」ということであるから、彼の個人的な責任が犯罪として問われることになるのは当然であるが、そのためには事実関係の確たる立証が不可欠である。それがほとんどなされていないのである。それにもかかわらず、客観性が疑わしい漠たる「目撃証言」と、植草教授が「電車に乗っていたこと」を理由として有罪というのであるから、これは恐るべき判決である。裁判所もまた「国策捜査」に加担する国家機関であるという疑いを強めざるをえない事例であった。

(3)「警察国家」の実態

この植草教授の「痴漢冤罪事件」については、教授本人やその家族などの私的な空間の問題をはなれて、これを公共的な空間の問題に置き換えてみると、何よりもまずこの事件において露呈した「警察国家」という問題が浮き彫りにされる。植草教授を横浜駅ビルのエスカレーターから品川駅まで尾行し、手鏡を押収したときの警官たちによって象徴される「国家」である。さきの、国労岡山地本の山本書記長（事件当時は副委員長）の例でいえば、四か月にわたって彼を尾行した鉄道警察官によってあらわされるものである。これはまた二〇〇三年から二〇〇六年にかけて起こった、「自衛隊のイラク派兵反対」のビラを自衛隊官舎あてに配って逮捕された立川市の市民グループにたいする「住居侵入罪事件」や「赤旗」号外や議会資料を配布したのが「住居侵入罪」にあたるとされたような一連の共産党関係の事件にも共通する警察の捜査にもかかわる。これらのうち、「赤旗」号外を配布した社会保険庁の職員は、三か月にわたって尾行され、行動をビデオ撮影されるような見えない「国策捜査」の被害を受けた。

そしてこのうち後者の事件は、いずれも政治性を持つ事件であるが、植草教授の場合は、表面的にはその部分はまったく見えないかたちで推移しながらも、よく調べてみると、政治性が浮き彫りになるというケースである。この関係で恐ろしいのは、市民（国民）には「見えない」事柄が治安当局には「見えている」という関係があることである。この市民にとってその奥が「見えない」という問題は、同時にその事件の表面は「見える」という関係になるから、事はいっそう複雑になる。そして、警察など治安当局は、この「見える・見えない」の関係を利用してメディアに事件を知らせ、表面にあらわれた部分だけを「痴漢事件」として報道させる。

そのメディアといえば、事件にかかわることになった人たちの人権などを顧慮する余裕もなく、その事件の表面にあらわれた興味の大衆性やスキャンダラスな側面に目を奪われてしまう。その奥にまで探りを入れている暇はない。これによって、「痴漢事件」という問題が一人歩きしてしまう状況が作り出される。警察にとっては、そうした状況こそ、望ましいのである。植草教授のような場合には、とくにそうである。さまざまな面において、警察に従順にならなければ、痛い目に遭うぞということを、メディアが諭してくれるからである。

「痴漢事件」のやっかいさは、ここにある。刑罰の対象となる容疑者は、だれであれ、有罪の判決が出るまでは「推定無罪」の原則の適用を受けるが、痴漢容疑者にはこの原則がはたらかない。事件の容疑者として報道されてしまえば、社会から確定犯人同様の扱いを受けてしまう。だから、まだ事件の聴取もはじまらないのに、植草教授のように自殺さえ試みるような厳しい圧力にさらされるのである。

この点、私が疑っているように山本真也さんや植草教授の例が、新手の「国策痴漢冤罪事件」であれば、事は重大である。同時に問題は、その解明がむずかしいことである。このため今年の三月には、大学生が示談金めあてに知人女性と謀ってニセの痴漢事件をでっちあげる事件まで起こった。しかしその解明がむずかしいといっても、事件解明への努力なくしては、「国策捜査」に利用される痴漢冤罪事件を根絶することはできない。現在見られているのは植草教授と山本書記長というわずかな例であるが、そのごく少数な事例のうちにその種の疑わしい「国策捜査」の根絶のために力を尽くさなければならない。最初になすべきことは、それらの事件を他人事として傍観視しないことである。山本書記長や植草教授の事件を孤独なたたかいとしてはならないからである。

そして､もう一つ､肝腎なことは､現在の｢警察国家｣の実態をリアルに見るという問題である。国家や警察を批判すると、それだけでイデオロギー的だとされてしまうことがあるが、この私たちの批判的イデオロギーよりもはるかに強力な国家イデオロギーをもって活動しているのが他ならぬ彼ら司法当局や警察であるという事実に目を向けておかなければならない。たとえば、昨年明らかにされた鹿児島県議選にからむ「志布志事件」である。一般市民のだれも想像しえないような事態が次々とその志布志で起こった。その実態は、かつての治安維持法にもとづく警察権の行使と何らかわらないようなメチャクチャなものである。そこでは無法と不法が法の名のもとに行われていたのである。警察庁はこの「志布志事件」は特殊な逸脱事件だというが、決してそのように単純なものと見ることはできない。むしろ、国民の目に見えないところでは一般化している警察の実態を示しているというほうが正確であろう。だからこそ、警察庁は当時、この志布志の事件を大いに評価して、鹿児島県警を長官表彰して称揚したのである。

この種の国家権力の闇の問題は、世界に目を転じて見ればいっそう明瞭になる。そのもっともよく見える例として、アフガン戦争下とイラク戦争下の「テロ容疑者」に対する取り調べという残虐行為があった。アメリカン・デモクラシーを代表するはずのブッシュ大統領が「安全保障のためなら何をしてもいい」として命じたなかで起こった事件である。アフガンのバグラム基地やイラクのアブグレイブ基地、あるいはキューバのグアンタナモ基地において、拘束された「テロリスト容疑者」は生命の抹殺を含めてさんざんな目にあった。基地の現場兵士たちによって拷問につぐ拷問を受けたのである。その拷問は実に残酷で多彩なものであった。非人道的というよりも悪魔的な行為といった方がいいほどのものである。アラブ人男性に犬の首輪をかけ、引きずり回す女性兵士の写真はそうした実態をよくあらわしていた。

その結果、百人を超える死者――そのうち三十七人は文字通りの拷問虐殺であったと報告されている――を出した。アメリカという背広を着た民主主義国家がひとたび軍服に着替えると、これほど残酷になれるのかという見本のような拷問事例の数々である。こうした事例は、言葉による批判や告発では、イデオロギー的なものとして葬られてしまうが、写真やビデオの流出によって証拠だてられ、ブッシュ政権も認めざるを得なくなった。「民主主義」と暴力の結合は、善良な国民が考える以上に広く残酷に行われていたのである。

二〇〇四年になって、そうした基地収容所での拷問の実態がさまざま明らかにされてから、アメリカ議会の公聴会の一つに、マケイン上院議員とゴンザレス司法長官との間でかわされた「違法行為の定義論」というのがあった。マケイン氏が「違法な方法や非人道的な方法で収集された情報にどのような価値があるのか」と質したのにたいして、司法機関の要にある司法長官はしばらく沈黙したのち、「もう一度言いますが、その違法の定義はどこに求めるのか」と切り返したという問答である。このことは、権力にとってはいつでも「違法」や「正義」についての定義を変え、状況に応じて「何をしてもいい」（ブッシュ大統領）、「闇の領域があってもいい」（チェイニー副大統領）、「手段を選ぶな」（ラムズフェルド国防長官）ということになって、法の根本を歪める事態をもたらしたことを示している。

日本はまだ戦時下ではないから、「痴漢冤罪」事件や「ビラ配布の住居侵入罪」、あるいは各種の「国策捜査」のレベルに止まっているともいえるが、戦争とはいわずも、何か予測をこえる危機的な状況を迎えた時の治安権力の行動様態を考えると、一気にアメリカの「九・一一」直後のような異常な事態となることは目に見えている。治安維持法なき治安維持法体制への移行の危険である。この意味でも、たとえそれが「痴漢冤罪」レベルの事件であっても、警察や検察の国策的な関与を許してはならないのである。このためには、いかなる事件であれ、冤罪を許さないという市民的な権利の目を養っておくことが、日本の民主主義にとって不可欠なことなのである。つまり、権力の闇は深いということを肝に銘じておかなければならないし、異端者排除に暴走する「警察国家」をつくり出してはならないのである。植草教授の事件が教えてくれたことは、このことである。

「ロス疑惑」ならぬロス市警の「冤罪疑惑」

1

アメリカの作家ジョン・グリシャムの『無実』という冤罪をテーマにした小説の書評を書いていたときの二月二十三日（二〇〇八年）、突然、サイパンを訪問中の三浦和義氏がロサンゼルス市警の要請によって地元警察に逮捕されたというニュースが報じられた。アメリカの司法にかかわる事件をテーマにした小説について考えていたということもあって、このニュースには注目させられた。三浦氏とは二、三回、ある冤罪被害者支援の集会で会ったことがあり、簡単なスピーチも聞いたことがあったから、個人的な関心もあった。三浦氏は、その冤罪被害者支援の集会のときなど、場違いな感じがしないでもない雰囲気の中で孤独な表情を浮かべていたが、しかし、そうした孤独な思いを振り払っても、冤罪被害者支援の集会に出てくる三浦氏の刑罰制度への思いのようなものが滲み出ていて共感するところがあったから、他人事とは思えなかったのである。

三浦氏についてさまざま報じられてる個人的な事柄については、私には何の知識もないし関係もないが、彼が冤罪被害者支援にかかわっていることについては感銘も覚えていたのである。冤罪問題について関心を持つ人たちはまだまだ少数者にすぎないという事情もあり、ましてその反対のために何らかの行動を起こす人はさらに一握りの人たちという状況であるから、三浦氏の存在は貴重に思われた。その三浦氏が、報じられるような仕方でサイパンで逮捕されたという突然のニュースには多くの人が驚いたに違いないが、とりわけ本人にとっては雷に打たれたような衝撃であったろう。一般的にいっても、それがだれであれ、ニュースが報じるようなアメリカ司法の横暴ともいえる措置によって自由を奪われるという事態には驚かないわけにはいかない。

現在の時点（二〇〇八年三月八日）では三浦氏が問われている「犯罪」についての「新証拠」なるものが明らかではないから、それについて具体的に論じることはできないが、しかしその報じられた「法手続き」を見ただけでも、その「一事不再理」の法原則を踏み破っての強権の発動には強い冤罪性を感じざるをえない。それにしても、冤罪とはそもそも司法が作り出す権力犯罪であるから、このロス市警などのやり方を「司法冤罪」というのは言語矛盾であるとはいえる。しかしここには、犯罪を追及していて、そのプロセスにおいて誤逮捕や誤判があり、結果として冤罪をつくりだしてしまったという意味での通常の冤罪とは明らかに区別すべきものがある。つまり、今度のロス市警などのやり方は、はじめから特定の意図をもって三浦氏をふたたび「ロス疑惑」とされた事件の容疑者としたとみることができるが、その種の司法行為自体が冤罪づくりに等しいと言わざるを得ないのである。「ロス疑惑」ならぬ「ロス司法冤罪疑惑」というべき事件である。

そもそも「ロス疑惑」という言葉で語られてきた「犯罪容疑」は、日本の最高裁判決ですでに決着がつき、三浦氏は無罪となった。いわば、三浦氏には妻殺しという犯罪はなかったことが証明されたのである。法のもとに生きる三浦氏にとって、そして他のだれにとってであれ、この裁判による無罪の証明は決定的な意味を持つ。つまり、三浦氏は法的に自由なのだ。そしてこの無罪判決後の自由な三浦氏と、「ロス疑惑」とされたものとの関係では何の新たな変化もないのに、ロス市警の方だけが一方的にその「ロス疑惑」を捜査対象にすえ、当時（一九八八年五月）の逮捕令状が有効だとして、その令状を根拠にサイパン当局を通じて三浦氏の身柄を拘束したのである。これは日本の法律によって自由が得られた三浦氏が、アメリカの法律をもって自由が剥奪されたことを意味する。法は国の法であると同時に万国の法でもあり、その法関係によって国際法秩序が形成されていることを考えると、三浦氏にたいする州法に依拠しているとされるロス司法当局の強圧は、その国際法秩序を突き破って三浦氏を捕縛したという異常な事態を意味する。そして同時に、アメリカ憲法はもちろん、三浦氏の無罪が確定した当時のカリフォルニア州法にも「一事不再理」の条項（ダブル・ジェパーディ禁止条項）があったことを考えると、この三浦氏への異常な対応は二重の意味での重大な違法性を示しているといえる。このことが第一である。

そして第二に問題だと思うのは、この逮捕事例に露呈している「手続きの民主主義」の欠落という問題である。日本の憲法は、容疑者の逮捕にかかわる「司法上の手続き」については、その不可欠の条件として令状主義（第三十三条）と「理由の開示性」（第三十四条）を定めている。アメリカ憲法もこの点は同様で、修正第四条によってより厳しく定めている。つまり、守られるべき「人間の権利」として、「自己の身体、居住、書類、所有物の安全を確保する権利」は「侵されてはならない」とし、また逮捕令状についても「宣誓あるいは確たる証言によって裏づけられたもの」、そして「捜索すべき場所、逮捕すべき者とその押収すべき物件が明記されていなければならない」としている。また、修正第五条は、その適法な法手続きについて、「人はだれであっても、適正な法手続きなしに、生命、自由または財産を奪われることはない」と定めている。

このことは法律の条文で読むと、法とはそうしたものだということで個別具体的な自分の問題としてはリアリティが感じられないかもしれない。しかし、三浦氏の立場に立って見れば、法律が述べていることの意味は明快であろう。三浦氏はそれまで、サイパンの海で楽しく遊んだり、美味しいものを食べたりして快適に過ごしていた。そして帰国しようとして手続きを取ろうとしたら、いきなり身柄を拘束されてしまった。それまで三浦氏のそうした個人的な自由を守ってくれていると思われていた法はいきなり反転し、三浦氏を縛る鎖に変じたわけである。この事態の三浦氏のショックについては、だれにでも想像がつくだろう。問題なのは、この法の反転がそれにふさわしい正当な理由を示しえたかどうかということである。つまり、三浦氏からその個人の自由や尊厳を奪うに足る正当な理由である。その法の反転の正当性を保障する理由といいかえてもいい。三浦氏の個人の自由を守る法からその剥奪の法へと転じるには、正確にいえば転じさせるには、三浦氏にその苦痛を受容させるだけの正当な理由がなければならないということである。

中学生に話すような内容になって恐縮であるが、日米の憲法が定めているのは、容疑者といわれる人の自由を奪うについては、その拘束の理由が厳格な意味で正確に示され、その理由に則って適正に措置されなければならないということである。それが両国の憲法に共通している犯罪容疑者にたいする「適正な法手続き」なのである。この法手続きにおける適正さが崩れたら、そこに法の支配の正当性を保障するものがなくなり、権力の思いのままという無法の世界が出現する。

この法に裏打ちされた手続きは、三浦氏の身柄の拘束にたいして適正に行われたであろうか。そうとはまったくいえないというのが、今回サイパンで起こっている事態である。まず、三浦氏の今回の逮捕には、二十年も前にロサンゼルス地区裁判所が発行した逮捕状が使われたということがある。しかもそれが原本ではなくコピーだというのである。また、原本にはなかった訂正個所のあるコピーだとも報じられている。この逮捕令状の原本は、警視庁が一九八八年十月に三浦氏を「殺人容疑」で逮捕した時点以前の五月に交付されたものである。当時、日米の捜査当局は連絡を取り合って「銃撃事件」の立件を日本に委ねていたのであるから、ロスアンゼルスで一九八八年五月段階で交付された令状時の条件は警視庁と検察庁によって考慮され執行されたはずである。そしてその立件による裁判は終了し、三浦氏の無罪が確定している。

いくら裁判権が「属地主義」によってアメリカにあるといっても、またカリフォルニア州法においては重罪には時効がないといっても、日本の裁判においてすでに終了した同一の事件について、過去の令状を使用することは「適法な手続き」とはいえない。この点については、「ロス疑惑」にいう犯罪容疑との関連以前の問題として、アメリカ憲法が定めている令状の発行条件について、その必要項目を「パテキュラリー・デスクライビング」（修正第四条）することをそれこそ明記していることに関し、二十年も前の令状が合致するわけがないのである。

たしかに、カリフォルニア州法は二〇〇四年に改正されて、問題の「一事不再理」の条項は撤廃されたが、三浦氏の裁判は二〇〇三年に無罪判決で終わっているのである。その後の三浦氏には、その改正条項の適用を受けるような行為は何も存在しないのである。したがって、その二十年前の令状を使用することがいかにアメリカ憲法（修正第五条）に違反し、カリフォルニア州法においても「適法な手続き」とはいえないかはまったく明白である。州法下の司法当局の措置とはいえ、アメリカン・デモクラシーを強調する国において、彼らがこれほどお粗末な人権侵害をするというのは驚きというよりも恐怖である。

ロス市警が現状において、仮に三浦氏に容疑にたる事実があるというのなら、最低でも現在の州の郡裁判所に令状の発行を請求し、その現状の条件に合致する新規の令状をもって北マリアナ自治領政府に容疑者移送の法的手続きを求めるべきであった。また、新聞報道によると、FBIは日本の警察庁に「新証拠がある」と伝えてきたということであるが、それならば米国の捜査当局は当然その新証拠にもとづいて関係裁判所に逮捕令状を請求し、その発行をもって正式に日本の司法当局を通じて身柄の引き渡しを要求すべきであった。

こうした「手続きの民主主義」が侵されると、警察・検察の独走によって容疑者とされる者の人権が著しく侵されることは目に見えている。とくにその旧態の令状が日本でも論議を呼んでいる「共謀罪」の容疑をあげ、その共謀者を「氏名不詳者」としている点などを考えると、今後この「共謀罪」という問題は、「適正な手続き」を欠いた法的状況のなかではいっそう深刻になると思われる。また、アメリカの司法には、日本の司法にはない「司法取引」という制度があるが、この運用には当局の恣意がさまざまはたらくことになるので、今後の展開によっては三浦氏が司法当局の餌食となる恐れなしとしない。いずれにしろ、ロス司法当局には「つかまえてしまえばこっちのもの」という姿勢が露骨にあらわれているし、サイパン司法当局にはその抑制はきかない恐れがあるから、三浦氏にはロスに移送される危険がある。もしそうなって、州法による裁判にかけられることになったら、四半世紀以上も前の異邦人の事件として、それに何の記憶もない市民が義務的に務める陪審員制度によって裁かれるというようなことにもなる。それだけに、三浦氏の「司法冤罪」と疑われる事件を晴らすためには、『無実』のロンら被告人を死刑執行の淵から救いだしたような誠実で強力な弁護士を依頼できるかどうかにかかっている。

三浦氏の逮捕後の報道によると、ロス郡地検は三浦氏のサイパンからの移送令状を裁判所から取ったということであるが、「手続きの民主主義」という問題はそれによって解決されるわけではない。というのは、アメリカ憲法には、州と州との法的関係について、「それぞれの州は、他のすべての州の法令、記録、司法手続きについて、十分な信頼と信用を与えなければならない」（第四条）と定めているが、これは当然、「国と国との関係」にも貫徹されるべき万国公法的な法原則であるから、「日本の法令、記録、司法手続き」についても十分考慮されなければならないことになる。このことについては、三浦氏の弁護人となったブルース・バーライン氏が、「州の司法当局は、日本の最高裁が無罪の判決を出していることを尊重すべきだ」（「NHK」二〇〇八年三月一日）と述べたということであるが、当然のことであった。また、日本でも三浦氏の主任弁護人を務めた弘中惇一郎弁護士が、「アメリカは日本の裁判所の決定を尊重すべきだ」（「毎日」二〇〇八年三月三日）と批判したということであるが、これまた当然のことである。しかも、さきの新たな移送令状についても、本来なら三浦氏が日本に出国できた日から見ると一週間も後のことであって、その「後追い」の措置は到底「手続きの適法」という問題を満足させるものではないのである。

2

今度の三浦氏逮捕問題に関し、日本のマスコミが、「今回の逮捕は日本と米国の法律に違反するわけではない」（二〇〇三年二月二十六日「朝日社説」）としたり、「カリフォルニア州法では重大犯罪には時効がなく、八八年に発布を受けた逮捕令状は有効だった」（二〇〇八年二月二十九日「朝日」）と断定的に報じたり、あるいは「米国には国内で起きた事件について裁判権があり、一事不再理にはならない」（「ＮＨＫ」での島伸一教授のコメント）などとする形式的な論議――それ自体の正当性も疑われる――にとどまっているのは、国民の人身の保護と人権擁護の観点からみても何とも心許ない限りである。三浦氏にとってはさらに歯がゆいことであろう。先に触れた『無実』というアメリカ小説が描いた実在の被告人ロンやトミーが苦悩したのも、その捜査権を楯に取って自らを正当化する警察・検察の「適法な手続き」を欠いた独走のゆえであった。この点では、ロスの司法当局やその関係者（元捜査官や元検事）の有罪確言をあたかも真実の推定であるかのように報じ、逆に推定無罪の立場にある三浦氏を「疑惑の容疑者」扱いするというのは皮相であるばかりか、逆立ちした過った報道であるといわなければならない。現状では、「有罪推定」よりも、当然のことながら「無罪推定」の原則が優先するのである。『無実』の被告人らを十二年も不法に閉じこめ、死刑寸前にまで追い込んだのもまたアメリカの州法の正義の顔をした捜査官であり、郡検事局であったことを、このケースにおいても十分に考えておかなければならない。

この意味では、逮捕後の三浦氏が受けつつある「メディア被害」の問題は実に深刻である。一九八〇年代から一九九〇年代にかけての三浦氏にかかわる裁判プロセスにおいても、この「メディア被害」といわれる問題は、その「疑惑」なるものを全国に拡散したということにおいて重大な人権侵害を三浦氏にもたらしたともいえるが、現在それがまた繰り返されようとしている。管見の限りでは、今度の三浦氏逮捕に関する報道で、「『確かな事実』と『憶測でしかない事実』を峻別すべきだとした高裁判決の指摘をもう一度、肝に銘じる必要がある」と指摘したのは、「読売」（二〇〇八年二月二十五日付、原口記者）の一件だけであった。

今回の事件についての第三の問題は、ロス市警が日本の司法当局を通さずにサイパン当局を通じて三浦氏を逮捕したことである。これは人身の保護に関する日本の国家主権をアメリカの司法当局が尊重しなかったことを意味する。彼らとしては、日本の司法当局との煩わしい交渉を回避したいという思惑があったのであろうが――日本では現に捜査共助について積極的な鳩山法相と、それに慎重な警察庁との差異が報じられている――、この問題はロス市警やロス郡検察局の司法手続きが日米両国を飛び越していることにおいて、「手続きの民主主義」を侵すものである。さらには、その逮捕が米自治領のサイパン島の司法当局を通じて行われたことである。米国の影響が圧倒的に強い領域において、その法的問題で米国との利害が対立する日本人について、サイパン当局が公正中立的な司法措置を取ることは相当に困難であると考えられるが、ロス市警などがこうした点を十分に計算に入れて三浦氏の逮捕をはかったことである。このこともまた日本国の保護下にある公民の訴追に関する「手続きの民主主義」を侵すものといわなければならない。

この意味では、もちろん、サイパン司法当局にも責任がある。ロス司法当局へ加担してほとんど一体化するようなかたちで三浦氏への措置をすすめているからである。二〇〇八年三月三日のサイパン地裁で行われた「移送手続き」についての公判でも、そのことは明らかになっている。サイパン検事局が「米国の法律によって、〈逃亡者〉を逮捕することはできる」としているのはそうした立場の表明であり、サイパン地裁判事が「一事不再理」については「ここでは判断しない」としているのも、そうである。いわば、万事がロス司法当局の思惑通りに進行しているのである。彼らサイパン司法当局が、日本の裁判で無罪が確定した公民を「逃亡者」扱いしているところにも見られるように、三浦氏側に対して尊重のカケラも示さないのは、彼ら自身の司法的立場をあからさまに示している。

この点、日本の司法当局が三浦氏の逮捕に、「驚いた」とか「意外な展開」とかいうような傍観者の態度に終始していることは、国民にたいする人身保護の責務を放棄したものとして批判されなければならない。とくに、何ごとにも軽薄な言動を弄する性癖があるとしても、鳩山法相の捜査共助も可とするような発言の無責任は、小泉政権のときに、イラク在留中の高遠菜穂子さんらが武装勢力に拉致されたときの無責任な政府対応と共通するものを窺わせる。国民の人身を守るという姿勢の欠落は、鳩山法相にはその意識のカケラさえ存在していないことにおいて実に深刻である。

このことに関連して、宮崎学氏が「日本政府は逮捕を受けてただちに捜査に協力する旨のコメントを出した。これは日本の司法、ひいては国家の自己否定につながるのではないか」と指摘し、「何はともあれ日本政府は断固抗議すべきであった」（『週刊朝日』二〇〇八年三月十四日）と述べたことは正論であった。問題なのは、この宮崎氏の指摘を除いて、この種の正論の声がどこからも聞こえてこないことである。法務省にも外務省にも官邸にも、あるいは国会にも一人の宮崎学もいないのかと思うと、日頃彼らが声を大にして強調している「日本国家」とは何であるかを痛感させられる。とてもとても「美しい日本」などといえたものではない。「ロス疑惑」にかかわった人物だから、その種の人物の人身はどうでもいいというようなことであるなら、その彼らの人権認識や政治理念によって国民の権利が護られることは絶対にないであろう。

外務省や法務省は最低でも、担当者をカリフォルニア州に派遣し、日本の裁判の事情を説明し、シュワルツェネッガー知事に三浦氏の強制移送を行わないように要請すべきであった。この点、外務省のサイパン出張駐在事務所の職員が三浦氏の妻に頼まれて差し入れ品を届ける程度のことしかできなかったというのは悲しいことである。そしてその悲しい事態が、日本外務省の国民的な人身保護と人権擁護についての認識をよくあらわしているといえる。鳩山法相の度重なる軽薄発言も決して偶然ではないのである。この点では、彼ら現代の国家的お偉方は、明治時代に不平等条約の解決のために努力したお偉方よりも国家的平等認識ははるかに後退している。

そもそも、この今回の「三浦事件」は、日米関係における一つの「異常なケース」というだけではなく、両国の法的関係をあらわす新たな「特殊なケース」なのだ。なぜ特殊なのかといえば、ロス市警やロス郡検察という一地方の司法当局のことであれ、明治以前に開かれた国と国との普遍的な法的関係を覆すおそれのある司法ケースとしての意味を持っているからだ。それは一言のもとにいうと、法の万国性の侵害ということであるが、日米の司法制度は別個のものなのだから、日本の無罪判決があっても米国の法で裁くのは自由だとする議論に見られるものである。司法制度にかかわる万国公法という普遍的な要素を無視して、「自国と他国」の司法制度の違いとそれぞれの独自性だけを主張するなら、そもそも百五十年前に米国がペリーの黒船を東京湾に送って和親条約を結ばせた意味がなくなる。それこそが日米の法的相互関係を確立した最初の共同事業なのにである。日本側がその砲艦外交という不条理をこえて、日米和親条約を結ぶに至ったのは、その不条理のなかにも法（港）を万国に開くという普遍の論理があったからで、それが双方の国情や法制度の違いをこえる道理として認識されたからだ。いまでも、この道理は国と国との関係の基本として揺るがない。

もしこれをその万国普遍の論理から外して一国一州の論理を押し出し、「我国」「我州」の司法制度は「他国」とは関係がないというなら、それは万国公法という道理に反することであり、アメリカン・デモクラシーがペリーの時代よりも退化したという事実を示すものである。ロスの司法当局は東京湾に大砲を持ち込んだわけではないが、その黒船に劣らない恫喝を三浦氏（彼はいまや日本国民を代表する「三浦氏」になりつつある）に加えたことになる。「アメリカ民主主義」は、世界でさまざま問題となっているが、今度の「三浦事件」も日米関係の法と犯罪をめぐる「特殊なケース」でありながら、その根本にあるのはアメリカ民主主義の危機という普遍的な事態なのである。

第二章

ＪＲ浦和電車区事件をめぐって

「国策治安」とメディア

労組をテロリスト集団視する排除の論理

多数者の支配は、少数者の存在と意見の尊重があってはじめて正当化されるというのが民主主義の原則であろう。

ところが二〇〇一年四月に小泉政権が誕生して以来、この戦後民主主義の根幹をなす少数者尊重の原則が危機に瀕していることを示す事件や兆候が相次いでいる。この危機のあらわれ方は、国家権力の手によって「批判者」、「異端者」、「抵抗勢力」と映るものを社会から排除してしまうという「国策治安」によってもたらされているものである。

そのよく知られる例は、鈴木宗男議員への追及がらみで二〇〇二年五月に逮捕された外務省主任分析官の「背任罪」事件であった。被告の佐藤優氏は鈴木議員の四百三十七日をはるかにこえる五百十二日もの長期勾留を強制された。二〇〇四年二月に立川防衛庁官舎に自衛隊イラク派遣反対のビラを入れた反戦市民団体メンバー三名が「住居侵入罪」によって逮捕・起訴された事件もよく知られていよう。このビラ配布事件の核心は「言論・表現の自由」に対する抑圧にあったが、そこに示されたもう一つの性格は、権力による「少数者（批判者）排除」という民主主義否認の強権発動であった。そして、この種の事件は、同じ年の「赤旗号外」配布者に対する国家公務員法違反事件や、都立板橋高校の卒業式における元教師の「日の丸・君が代」強制反対の言論に対する「威力業務妨害」事件、あるいは東京葛飾区のマンションでの僧侶の政党資料配布に対する「住居侵入罪」事件などと相次いだことは記憶に新しいところである。

これらの治安事件の走りとなったのは、二〇〇二年二月に政治結社「ブント」の活動家が「器物損壊罪」で逮捕・起訴されたというささやかな事件であった。また、その公安事件としての第二弾は同年十一月、ＪＲ浦和電車区の六人の労働者と一人の元労組組合員が逮捕・起訴された「強要罪事件」であった。この二つの事件に共通するのは、公安警察が被害届を作らせ（前者の場合は元メンバーの反対者で、その告発理由はハンドマイクを毀損されたというもの、後者の場合は同じ労組にいた退職者で、その組合退会と退職を組合員から強要されたというもの）、その被害届のみにもとづいていきなり逮捕拘禁するという強圧手段に出ていることである。被害届の内容を確認するための任意の参考人事情聴取などは一切行わないなかでの権力の発動である。しかも、前者は民事的にみても数千円程度の損壊事件にすぎず、後者は労働組合の活動に付随した言動を「強要事件」として捏造する類のものであったのに、検察と裁判所は前者の被疑者については九十二日の勾留、後者の七人については三百四十四日もの長期勾留を科して「犯罪」として追及した。まさに「国策治安」による人質勾留というにふさわしい拷問的な扱いである。

この二つの事件のうち「ブント事件」については、その年の九月に「懲役六月・執行猶予三年」という不当な判決があった。しかし、七人が起訴された「ＪＲ浦和電車区事件」の方は、現在五十二回の公判を重ねているが、まだ結審にいたらず、この間、東京地裁の担当裁判長や陪席判事がくるくる替わるという異常な事態が続いている。この裁判所の異常は、「ＪＲ浦和電車区事件」そのものが労働組合〔ＪＲ東労組とその上部機関のＪＲ総連〕をターゲットとして事件化された事情とかかわっている。つまり、司法の独立性と公正性が要求される裁判所は、公安警察と検察の杜撰な「国策治安」に正当性を与えるのに戸惑っているのであろう。

なぜ、公安権力のターゲットがＪＲ東労組・ＪＲ総連なのかということについては、紙面の都合上ここで詳しく論じることはできないが〔興味のある方は、拙著『冤罪』〔出版研〕を参照していただきたい〕、概略的にいえばその狙いは二つあって、一つは二十年前の国鉄民営化のときに実現できなかった「動労つぶし」〔動労＝現在のＪＲ東労組〕について何としても決着しておきたいということ、もう一つは有事立法にいう有事の際において「抵抗勢力」となる可能性のある労働組合は日本の労働界から一掃しておきたいということであろう。その排除の論理として利用されているのが、いわゆる過激派「革マル」情報である。

その「動労」関連情報はすでに二十年以上も前の「時効もの」であるが、公安当局はそれをあたかもＪＲ東労組にかかわる「現在の情報」であるかのように操作し、その党派の論理によって労働組合が支配されていると宣伝し、その「過激派」支配の労働組合を解体することが国家の正義にかなうとしているのである。それは公安権力が「思想の自由」(二十年以上も前のこと)を「現在のこと」として操作することはその間の自由な思想変化をまったく認めないことを意味する。ましで、この二十年という歳月は、刑法でいう「無期懲役」であってもその執行がないときには時効となるほどの年月である)を認めずに憲法に反する「国策治安」を展開しているあらわれである。

ここに、彼らの気に入らない団体や個人に「排除のためのレッテル」を貼りつけ、社会から追放してしまおうとする恐るべき「国策治安」の実態がある。こうした異常な司法のあり方についてては、国際的にも批判が高まり、ＩＬＯ(国際労働機関)は、二〇〇四年十一月、日本政府にたいして、そのレッテル貼りによるＪＲ東労組への「過激派キャンペーン」を止めさせるように勧告した。しかし、小泉政権は、それを「適法なもの」として正当化し、改める気配を示さなかった。また、日本弁護士連合会も、ＪＲ東労組などにたいする警視庁の過剰な家宅捜査について、それが捜査目的から逸脱した労組の活動把握の疑いが濃く、憲法と国際人権条約に違反すると警告したが、警視庁はその後も新たな口実を設けて過剰な捜査をつづけている。

現在、この「ＪＲ浦和電車区事件」は、東京地裁で係争中であるが、ここにきてメディアの一部から奇妙な動きが顕在化した。大手出版社の一つである講談社の週刊誌『週刊現代』によるＪＲ東労組とＪＲ総連を「テロリスト集団」視する「大キャンペーン」記事の出現である。

今年（二〇〇八年）の七月末から始まったこの大型連載記事は九月末現在で毎週連続の十回に及び、まだ継続中である。もちろん、それが国民の「知る権利」に資する報道記事であれば大いに歓迎するところだが、事実はまったく逆であり、公安権力の労働組合弾圧のさらなる強化を激励する類の実質をなすキャンペーンである。

「大東亜戦争」の時代、メディアが戦争推進の国家権力に積極的に協力したのはよく知られていることであり、講談社もその例に漏れないものであったが、戦後はさすがにあからさまな権力追随のメディアはなくなった。ところが、『週刊現代』はこの戦後のメディアの報道倫理を公然と踏み破るように、裁判で係争中の事件の当事者である労働組合を何の合理的な定義もなく一方的に「テロリスト・殺人集団」として規定し、その官憲の弾圧を誘導するかのような記事を、しかも連続的なキャンペーン記事として出したのである。その手法は小泉政治を持ち上げたテレビの「劇場化」番組と同じで、ＪＲ東労組に加えられた「国策治安」を盛り上げるために、ＪＲ東労組とＪＲ総連にかかわる公安情報を並べたて、あるいは労組への反対者や批判者の証言なるものをあたかも真実のものであるかのように見なして登場させるばかりか、各種発生している列車妨害まで労組活動に関係があるかのような悪質で扇動的な描き方をしているところに、この「劇場化」の本質がある。

権力にとっては、「国策治安」がそう簡単には通用しなくなり、地裁段階では相次いで敗訴になるという状況において、メディアが民間の側から治安警察に協力するかたちで事件にかかわる事柄を「劇場化」して国民的関心を盛り立てるように描いてくれることはありがたいことであろう。それこそ官民一体の治安政策を地で行くものであり、国民には市民奉仕の警察・検察という幻想を作り出すことにおいても大いに有効である。ここにおいて、権力の治安政策は単なる「国策捜査」からメディアの協力を得て官民一体となる「劇場型国策治安」という新しい手法に移ってきている一例を見ることができる。

安倍新政権が内閣に日本版ＣＩＡの「国家情報局」を新設し、国家の立場から情報管理を強化しようとしているとき、この種の「劇場型治安」を演出する官民協力は不気味な未来を暗示する。「国策治安」はかつての治安維持法の現代版として、合法を装う「国家テロ」といえるほどものであるが、その被害者を逆に「テロリスト」として描き出す『週刊現代』の立場は、抑圧権力に加担する『言葉のテロリスト』の役割を果たすかのようである。

（『アソシエ21　ニューズレター』二〇〇六年十月号に掲載）

労働運動に介入する国家犯罪

1

二〇〇二年十一月一日に、七人の浦和電車区関係の労働者を逮捕して公安警察が作り出した「ＪＲ浦和電車区事件」は、いま考えると時代が急カーブを描いて暴力的になっていく転換点のところに位置していたことがよくわかる。メディアはこのうちの私的な犯罪としてのさまざまな暴力についてはそれなりに報道してきたが、公的な犯罪としての国家的な暴力については最大限沈黙を守って、国民の「知る権利」を抑えてきた。とりわけ、「ＪＲ浦和電車区事件」についてはそうである。そればかりか、この事件によって被害者の立場に立たされたＪＲ東労組とＪＲ総連に対しては、『週刊現代』によって国家暴力を督励し加速させることをめざしたキャンペーンが二十四週にわたって繰り広げられるというような逆立ちした報道が行われた。

それだけに、現在、この「ＪＲ浦和電車区事件」について知り、その本質を理解することは、きわめて鋭い現代的な意義をもっている。この事件の本質を知ることによって、時代が暴力的に急カーブを描いたそのターニング・ポイントのところに国家権力の企みがあったこともよく理解できる。それはアメリカの二〇〇一年の「九・一一」事件以来の戦争という国家的な暴力の道への移行に歩調を合わせた小泉前政権の治安政策を反映したものであった。

公安警察によって「ＪＲ浦和電車区事件」とされたものは、警察自身の手によって犯罪事実がないところに犯罪事件を作り出すという、きわめて特異な事件であった。その内容とは、職場の労働運動のなかに発生した不団結の問題〔自分が所属する組合の団結権を侵害する意図をもって接近してきた他労組に乗ぜられた組合員の問題〕に対する職場分会員たちの団結回復の組合活動と日常の職場活動を、その不団結をもたらした組合員に対する「強要行為」として描き出し、「犯罪」としたものである。そこにあったものといえば労働者たちの団結権擁護の活動であって、犯罪的行為とはまったく関係のないものであったのに、公安警察はそれを脱法的な恣意において「強要行為」と解釈し、強引に「犯罪事件」として作り上げた。

公安警察はそのために、その退職組合員が自ら退職届を出して退職した後に、彼を説得・工作をして「被害届」を出させ、その「被害」の名において刑事介入をしたものであった。同僚組合員による「強要」によって退会〔組合〕と退職〔会社〕に追い込まれたという虚構の理屈である。公安警察と退職組合員の合作によるその「ウソの被害」によって、ＪＲ浦和電車区の七人の労働者が逮捕・起訴されたのである。しかも、彼ら司法権力はこの七人の労働者に対して、三百四十四日にのぼる勾留を科したのである。まさに、国家の手による犯罪的な人権侵害というべき弾圧であった。

この事件が労働運動の領域への警察権力の不当な介入であることは明白であろう。なぜなら、労働運動内部において発生する事柄、たとえばそれが不団結や矛盾の問題であっても、それは内部的に自主的、自治的に解決されるべき事柄であって、外部から警察が権力をもって介入し解決をはかるべき問題ではないからである。労働組合はその自治的な運営のために規約をもち、労働者はその自治的な自覚において労働組合に参加する。この原則にそって成り立っているのが労働者の権利としての労働基本権（憲法第二十八条）であり、そのもとにおいて権力の介入を許されない「労働の自由」が保障される。この基本点は、「思想の自由」や「良心の自由」、あるいは「学問の自由」と同じく基本的人権の本質をなすものである。この法秩序のもとにおいては、国家がこの「労働の自由」に対して権力的に介入するということはあってはならないのである。

労働組合法も、その労働者と労働組合の権利を擁護する立場から定められ、労働運動にかかわる行為を犯罪的な視点で見たり、解釈したりすることを禁じている。したがって、ＪＲ浦和電車区において発生した問題を個別具体的に見ても、労働者と労働組合が保持している団結権と、それに反する行動を取った組合員の問題は、その両者の間で自主的に解決されるべきことであって、警察が介入する余地はまったく存在しなかったのである。当事者組合員にしても、もし退職をしたくないということであれば、自由にその選択ができる道――非組合員になるのもよし、他組合に行くのもよし――がいくつも残されていた。つまり、問われていたのは当事者組合員の「労働の自由」を行使する自主性の問題なのである。この自主性の問題を自ら投げ捨てておいて、「自分の退職は他組合員の強要によるものだ」というような理屈はまったく成り立たない。

この問題は、現に、ＪＲ西日本等でＪＲ総連に所属して組織的な活動をしている労働者たちがその少数者の立場において発揮している自主性と同じ事柄であって、普遍的な問題なのである。つまり、労働者の団結権の選択にあたっては、少数者の立場にあっても泣き言はいわないという自主性が不可欠であって、この事件の当事者組合員のように自らの孤立において退職したことを恨みに思って警察に助けを求めるような行為は、労働運動のなかでは論外なのである。もし、そうした労働組合と個人の関係における自主の原則が守られないとするなら、労組内のあらゆる不団結の問題や矛盾は、すべて警察や司法機関に裁定を仰ぐという事態となって、自立的な労働運動は崩壊する。

そもそも、公安警察が作り出した「ＪＲ浦和電車区事件」は、ＪＲ東労組とＪＲ総連に揺さぶりをかけ、あわよくばその解体にまで至らせたいという「国策治安」の観点から作られたものであった。しかもそれは、国鉄の分割民営化の時点までにすでに解決ずみの組合員の一部の過去の「革マル」問題をあたかも現実の労働運動にかかわる問題であるかのように見なして抑圧の道具とする旧態の治安思想から発したものであって、警察官僚機構のなかにはいまだにそうした守旧の治安政策に固執している時代錯誤の公安警察の一派が存在していることを示したものであった。

2

そうした守旧の公安警察と公安検察の「国策治安」は、旧ソ連が崩壊して十六年にもなり、「革命は銃口から生まれる」と言っていた毛沢東の中国が今では本格的に資本主義との市場的共存の道を選択して二十年にもなるのに、あるいはＪＲの労働者にとっては分割民営化以来の改革が積み上げられて二十年にもなるのに、それらの内外の諸状況の変化を度外視して、かつての「革マル」思想がいまだに労働運動の内部に純粋培養的に存在していると見なすような時代錯誤に陥っていることを示している。それは生きている時代によって条件付けられる思想のあり方についての無知と、官僚機構に要請される国家理性の堕落と怠慢をあらわすものである。

そうした堕落と怠慢の「国策治安」の所産である「JR浦和電車区事件」においては、七人の労働者に対する逮捕・起訴による「革マル」的犯罪追及なるものからいかなる「革マル」関連の問題も導き出せなかったのは、当然のことであった。守旧の公安警察が「本丸」として狙っていた松崎明氏についても、何らの「革マル」的容疑の糸口が導き出せなかったことも当然であった。この意味では、『週刊現代』から「JR革マル派の手先」などと荒唐無稽な毒突き方をされている元JR東日本監査役・柴田善憲氏が述べたとされる「革マル派からの転向」論の方こそ、よほど現実をリアルに見た理にかなった言い方であるといえる。そしてそれは何も柴田氏独自の見方ではなく、物事を事実に即して冷静素直に見ることができる人にならば、だれにでもわかることなのである。

思想が思想たる所以は、その思想に沿った実践性が認められなければならないが、公安警察や『週刊現代』は、その肝心な「革マル」的実践性について何らの事実の説明も科学的な検証もなし得なかったのである。あげくの果てに、『週刊現代』に至っては「『JR革マル派』捜査潰しの疑惑を払拭したいならば、ＪＲ東日本に巣くう妖怪、松崎明を即刻、逮捕することだ」などとして現職の警察庁警備局長脅しと挑発にまで乗り出し、「さもなくば、国民の警察に対する信頼は、地に堕ちる」などと言う始末である。万一、そうしたデマゴギーに踊らされることがあるなら、それこそ「警察に対する国民の信頼」を失墜させるばかりであって、治安政策を歪んだ権力の迷路に迷い込ませるだけであろう。犯罪には事実に即して科学的に対処し、迷宮事件を残したり、過剰な権力行使や誤認逮捕などをしないことが健全な治安機関のあり方として「国民的な信頼」を得る道なのである。

現実の「ＪＲ浦和電車区事件」は、現在、東京地裁で四年がかりの公判となって裁判が進み結審に近づきつつあるが、その無罪判決こそ、裁判所をふくむ司法機関の国家理性を示す唯一の道だろう。この事件は、市民にとっても憲法秩序に沿って少数者の権利が守られるかどうかの試金石となる事件であり、座視できないのである。

（『マスコミ市民』二〇〇七年二月号に掲載）

闘い獲る民主主義

1

勝利の第一歩は記された

「ＪＲ浦和電車区事件」の四年半を振り返って、私の第一の思いは、「七人はよく頑張ったなあ」ということである。この七人への思いは、その家族とＪＲ東労組とＪＲ総連傘下の労働者たちへの思いと重なる。つまり、「松川事件」の一審公判をはるかに超えて長期の公判闘争となったこの四年半、彼らは労働者、市民としての民主主義が司法の権力によって侵害されたことにたいして、その権利回復のために懸命に闘ってきた。文字通りの「七人はみんなのために、みんなは七人のために」という団結と連帯である。その闘いこそが、戦後民主主義の課題であった「闘い獲る民主主義」の偽らざる実践であった。

まだこの闘いは途上にあって、「完全勝利」のゴールは七月十七日の判決からはじまる三審制度による未来の判決の日までお預けであるが、しかしそれらの日に裁判官たちが何を言おうとも、この四年半の間に実践された「闘い獲る民主主義」運動の成果は、だれにも取り消すことのできない確かな「勝利」として記録されたのである。文字通りの勝利の第一歩である。

その「勝利」を端的に証明したのが、七十万人に迫る「公正・公平な裁判」を要求する署名であり、延べ八万人におよぶ組合員を中心とした裁判傍聴希望者の長い長い行列である。それらは、『週刊現代』の二十四週におよぶ権力追随の「反ＪＲ総連・東労組」キャンペーンに象徴されるような執拗な攻撃のなかで達成されたものである。この間、公安警察はさまざまな理由をつけてＪＲ総連関連の組合事務所などの家宅捜索を繰り返し、マスコミにたいして組合非難の報道をさせてきた。現象的に見ると、ＪＲ総連と東労組は、それらバッシングによる四面楚歌のように見えなくもなかった。しかし、その攻撃の嵐の中にあったからこそ、七人と組合員たちの闘いは価値があった。この価値こそ、「闘い獲る民主主義」という尊い価値である。

戦後憲法ができたとき、右派の評論家たちは「配給された民主主義」とか「与えられた民主主義」とか言って揶揄した。それが本質的にはウソであることは、憲法学者鈴木安蔵らの憲法草案づくりを描いた映画『日本の青空』が語っている通りであるが、しかし、そう揶揄される面がまったくなかったわけではなかった。なぜなら、治安維持法によって逮捕された哲学者の三木清が獄中死したのは敗戦後の一九四五年九月二十六日であったという事実があるからである。このことは当時の獄外の民主主義者たちのだれ一人として、敗戦となった八月十五日から三木の死の九月二十六日までの間に、「三木を即時釈放せよ」と要求し、それを民衆的な要求にまで高めようとした者がいなかった事実を示している。これを強い言葉でいえば、日本の民主主義者や民衆は、せっかく戦争を乗り越えて生き永らえてきた三木を、その解放の時期にむざむざ見殺しにしてしまったと言うことができる。

肝腎なのは、このことは三木清一人の問題に限らないことである。戦前、非合法の共産主義運動を行い、治安維持法によって獄中にあった共産主義者もまた、敗戦後の即時釈放を要求する「民主主義」を忘れていたという事実があるからである。日本の敗戦を決定づけたポツダム宣言には、「日本国政府ハ日本国国民ノ間ニ於ケル民主主義的傾向ノ復活強化ニ対スル一切ノ障礙《しょうがい》ヲ除去スヘシ」（十項）という一項があったが、意識の高かったはずの政治犯たちも、その自分たちが保持していた「民主主義的傾向」の復活のために自ら釈放を勝ち取るというところまでは前進することができなかった。彼らが釈放されたのは、その自らの民主主義的な釈放要求によってではなく、ＧＨＱが一九四五年十月四日に発した「人権指令」といわれるものの後の十月十日であった。

戦後、高名な共産主義者として国会議員にもなった徳田球一や宮本顕治や志賀義雄らは、この日、他の政治犯三千人とともに釈放されたのであった。戦争と天皇制国体に反対した彼らでさえも、ＧＨＱの指令を待たずしては、自らの釈放要求によって出所することができなかったのである。「獄中十八年」とか「獄中十二年」という栄光には、そうした戦後認識にかかわる屈辱も秘められていたのである。

こうした戦後史の事実から見ても、ＪＲ総連とＪＲ東労組に結集した労働者たちが、自らの民主主義的な課題として冤罪被告の救済運動に参加し、「公正・公平な裁判」をもとめて連帯して闘ったことの意義は特筆される。とくに重要なことは、「ＪＲ浦和電車区事件」を歓迎したり、さらにはその拡大を煽動したりする労働団体があり、なおかつ多くの労働団体が傍観視するなかにあって、ほとんど一系列〔ＪＲ総連〕といっていい態勢において闘いを成功裏に継続してきたということである。それは戦後の労働弾圧史のなかにも新たなページを記すものであった。労働運動の事例としても初めてのケースであろう。ＪＲ総連に結集した労働者たちは、敗戦後の獄中にあった三木清を見殺しにしてしまった当時の民衆の民主主義的な自覚のレベルを大きく乗り越えることによって、刑事弾圧を受けた七人の被告との文字通りの民主主義的な連帯を勝ち取ってきたのである。

二〇〇七年二月に招かれたＪＲ総連の二十周年の記念集会で、小田裕司委員長は「この二十年は闘いの二十年だった」と述べておられたが、なかでもこの四年半の闘いはその二十年の闘いを凝縮したような日々であったろう。そのことを考えると、七人と彼ら組合員たちの闘いの意義はいっそう浮き彫りになる。前半の十五年半の闘いの歴史があったればこそ、この四年半もしっかりと地に足を着けた闘いを実現することができたのであろう。まずは、この歴史とその歴史に新たな活力を吹き込んでいる七人と組合員たちに心から敬意を表したいと思うのである。

働く五千万の人々の最前線で

一方、ＪＲ総連と東労組の運動を取り巻く現実を見ると、日本と世界の状況は、ワーキングプアの拡大のなかで右傾化への潮流を強めつつある。その端的な例は、さきの参院補選の沖縄地方区で、全野党共闘のかたちを構築することのできた候補が自公推薦の候補に破れたところに見られたし、フランスの五月六日の大統領選挙の決戦投票で、「平等と福祉」を政策にかかげた左派が、「市場経済の活性化と労働の規制緩和」を唱えた右派に敗れたところにも示された。これらの現実は、かつて世界の先進的左派を形成した地域や国においても、その「左翼バネ」が機能しなくなった状況を物語っている。

日本でもフランスでも、その根底に労働環境の激変と労働組合の弱体化があることはいうまでもない。日本では労組の組織率が一九パーセントを切って年々下がりつづける一方、非正規雇用は四〇パーセントにも達しようとしているし、フランスでは鈍い経済成長のなか失業率が八パーセントを超える状況であり、雇用不安とワーキングプアが拡大した。これまでフランスの労働者階級の支え手であり最大のナショナルセンターを形成してきたCGT〔労働総同盟〕は、社会主義体制崩壊後のイデオロギー的危機から容易に立ち直れないままに弱体化し、第二のナショナルセンターであるCFDT〔フランス民主労働同盟〕も、新自由主義路線の方向へ揺れて右傾化してきた。サルコジ勝利の基礎は、すでにつくられていたのである。

この種の状況は、イギリスにもアメリカにも見られる。新自由主義に足を取られてイラク参戦まで暴走したブレア政権は、医療など公共部門の改革を資本の立場からすすめ、労働政策でも人員削減を推進する政策を取って労働者の支持を失った。五月三日の地方選挙では、ブレアの労働党は大きく後退した。新自由主義の本家アメリカは、イラク戦争の事実上の敗北に象徴されるように、事態は一層深刻である。ここ数年の企業の人件費削減策によって非正規労働者が一千六百万人も増え、ワーキングプア拡大の基盤がつくられた。すでに八百万人をこえる貧困世帯が自立困難な生活を余儀なくされ、イラク戦争ならぬ自らの「アメリカの戦争」のただなかにおかれるという状況である。

こうした日本と世界の状況を考えると、その新自由主義が本格化した小泉政権のもと、治安当局によって「JR浦和電車区事件」が起こされた理由も一層明確になる。政府のグローバルな政治・経済政策を後押しする治安当局が、日本の労働戦線においてもっとも労働基本権に忠実な労働組合として成長しつつあったＪＲ東労組に歯止めをかけることによって、労働界からの政策的な抵抗を一掃しようとしたことが見て取れる。いわば、彼らも、ＪＲ東労組が働く五千万の人々の最前線にいたことをよく知っていたのである。そこを潰せば、五千万の労働者も意のままになるという策略である。「労働者の声」をさらに政治から遠ざけるために、司法の権力を使っても、手を打つことが急がれた。

このことを考えると、「支援する会」代表の後藤昌次郎弁護士が言われるように、「ＪＲ浦和電車区事件」については、「絶対に勝たねばなりません。かならず勝ちます」という覚悟と認識を持つことがいかに必要かつ大切かが痛感される。そこに「労働者の声」の将来も、日本の民主主義の未来もかかっている。この意味において、これからの三審制度が待つ道程を、この覚悟と認識によって共に前進することを確認しあいたいと思うのである。

2

一方、改めて世の中を見渡して見ると、憲法改悪動向にみられるように、民主主義の危機は深刻である。憲法があっても「ＪＲ浦和電車区事件」が起こされるのだから、これが変質させられたなら、一体どういうことになるのだろうかと不安は募る。しかも、この不安は憲法をどうするというような大状況にたいしてばかりではない。個々の地域で開かれる憲法擁護集会や学習会というような小状況においてもヒシヒシと感じられるのだ。

たとえば、二〇〇七年の「5・3憲法フェスティバル茨城」の実行委員会は、多数をもって少数派の意見を抑圧し、「茨城9条連」とJR東労組の参加を排除した。理由は「暴力集団と関係がある」とか、「昨年の憲法集会でルール違反をした」というようなことである。「全労」系の労働団体や「国労」の元組合員らの一部の実行委員が声高に言う暴力集団云々ということは、何のことはない、例の『週刊現代』の公安警察激励のキャンペーン記事を証拠とするようなものであり、二十年もまえに体験したという「東労組の国労にたいする暴力的言動」というようなものである。民青がさかんに主張した「ルール違反」というのは、二〇〇六年の集会の会場において、決められた線引きの外でJR東労組の組合員が署名活動をしたというようなことである。

後者の針小棒大な「ルール違反論」はともかくとして、簡単でないのは「暴力集団と関係がある」とする例の「革マル派」がらみの誹謗中傷の方である。これについては、彼らは何の恥じらいも躊躇いもなく、公安警察情報そのままに主張する。『週刊現代』の例のキャンペーン記事をコピーして配るというようなことも平気でする。古い『解放』を持って来て、そのなかの暴力的メッセージを読み上げる。あげくの果てには、国労の元組合員が、退席させられるまで実行委員会に参加していた東労組役員にたいして、「あんたの組合の○○は殺されたろう。それは知ってるな。彼は機関区でおれの友人だったが、革マル派だったから殺されたんだ」と大声を出す。こうなると、事情のまったく分からない他の実行委員は、ＪＲ東労組に不穏なものを感じさせられてしまったように沈黙してしまう。その沈黙を間に、私たち「統一派」と彼ら「排除派」の論争は、ある種の正統論議となってまったく噛み合わないものとなる。

それでも、私はある段階までは微かながら希望を持っていた。二つに割れた実行委員会を三人の議長団が調整してくれるという期待があったからだ。そのうちの一人の憲法学者は、事前に、必ず統一して集会が開けるようにすると述べていたからである。その三人とは二人の学者と弁護士であるが、まさか彼らには、『週刊現代』の記事にたいする資料判断の能力も、「革マル派」がらみの事実関係にたいする歴史認識もあるだろうという思いがあった。しかし、この期待は見事に裏切られた。弁護士が司会した最終の実行委員会では、彼は露骨なまでに「排除派」の論理にそって議事をすすめ、ＪＲ東労組と「茨城９条連」の退席を命じて、多数意見と称して当の団体の排除を決めた。憲法学者もその決定に同意した。学問も法律の知識も、何の役にもたたないことを示したような決定であった。

このことについて、私はあらためて歴史認識の問題について考えさせられた。議論のなかで、JR東労組と「茨城9条連」を排除しようとしていたのが俗に言う「共産党系」の実行委員だったことが明らかになったからである。JR東労組にたいする「革マル派」問題なるものについて、共産党がどのような見解を持っているのか、私は知らない。『しんぶん赤旗』の報道に出てくる「9条の会」運動について「中核派」や「革マル派」の存在に注意せよという類の記事は承知しているが、JR東労組や「9条連」そのものについて党としての統一見解を出したという話は聞かない。それらの問題について、党本部が地方組織をどのように指導しているのか、その実態も見えない。

しかし、茨城における地方の党員たちのJR東労組と「茨城9条連」にたいする認識は見てきた通りであるから、その限りにおいて言うことであるが、彼らの他者にたいする歴史認識は非科学的であり、おそろしく硬直している。「革マル派」問題についても事実の検証は一切抜きにして、それに関係した個人や集団は、永久にその関係を持続していると見なしているかのようである。そうした見方に立つなら、共産党自身が「五全協」や「五一年綱領」で決めた暴力革命論から永久に脱けられないことになる。歴史は、「五全協」や「五一年綱領」があったからこそ、その失敗を乗り越えようとして「六全協」や「六一年綱領」へと党を発展的に導いたのであり、それを正当に認識するのが歴史認識である。

このことはＪＲ東労組の発展についても言えることで、動労時代の組合活動家に「革マル派」体験があったからこそ、「イデオロギーではメシが食えない」という労働運動の論理によってそれを乗り越え、「職場と仕事と生活を守る」労働運動への発展があったと理解すべきなのである。この物事における発展の道筋をしっかりと摑むことが歴史認識にとって不可欠であって、それを無視して二十年以上もまえの事柄を固定的にみる観念的な歴史観からは早急に決別すべきである。憲法改悪への動きが加速させられているとき、そうした固定観念で地域の憲法運動を分裂させることは大きなマイナスなのであって、それでは改憲勢力に勝利することができない。この意味において、政党はもとより、憲法擁護運動団体は過去のあらゆる分裂を克服するため、「9条で一致」という最小限の目標において団結すべきである。現実的な問題は、現実的に解決されなければならないからである。

（『エマージェンシー』二〇〇七年七月五日「別冊」に掲載）

憲法なき法廷の偽装判決

「法の番人」ならぬ「国家の番犬」

東京地裁（小池勝雅裁判長）は、二〇〇七年七月十七日、「ＪＲ浦和電車区事件」について、ＪＲ東労組組合員七人の被告全員を有罪とする判決をした。その理由と量刑は、五人については原告側の吉田（当時の組合員）にたいして労組脱退強要を共謀して行ったとして懲役一年から懲役一年六か月の有罪（いずれも執行猶予三年）、他の二人についてはその組合脱退強要に加えて会社退職の脅迫行為があったとして量刑を加上し懲役一年八か月（執行猶予三年）と懲役二年（執行猶予四年）の有罪とした。

この判決を一言でいうなら、「憲法なき法廷」の不法な偽装判決といえる。何が不法であり、何が偽装であるかといえば、まず何よりも、「憲法なし」という法廷の異常な実態を指摘しなければならない。法廷に憲法があれば、当然、裁判官は労働組合の団体行動の権利を含む労働基本権（憲法第二十八条）の保障という立場から判決を出さなければならない。ところが、この判決は労働組合の団体行動たる諸会議や諸行動を「共謀」なる犯罪行為として描き出した検察の論理を肯定するためにさまざま偽装を凝らし、労働基本権の実行に忠実な労働者に刑罰を科したのである。

たしかに、吉田の会社退職にたいする七人の共謀犯罪という検察の論理の一面を否定し、公安警察と検察が事件の核心に据えようとした「革マル」物語を排除するなど一定の手心を加えた判決ではあったが、しかし労働組合と組合員の活動をどう見るかという「JR浦和電車区事件」の本質のところにおいては、憲法にもとづく「法の番人」という立場からの判決ではなく、裁判の権力を「国家の番犬」といってもいいほどの露骨さをもって示した判決であった。労働組合法第一条二項に言う「刑法第三十五条の規定」(正当行為は罰しない)についてはー顧だにしなかったのである。

また、二人の被告に吉田の会社退職にかんする脅迫行為があったとする認定についても、判決後の「弾劾集会」で、当の山田知さんが述べたように、「トイレでの一分間にも満たない立ち話」をその内容についての客観的な証拠もなく(吉田の一方的な証言を鵜呑みにして)「脅迫」行為としたものであって、およそ司法の名にあたいする認定といえるものではなかった。文字通り、人間の生活の真実に反する不法な判決である。「トイレでの話」についての人間的な生活の真実が、山田さんの言う日常的な「対話」というところにあったのか、それとも検察の言う計画的な「脅迫」というところにあったのかについては、常識を持つ人にならだれにでも分かることである。それを裁判官たちが理解できなかったのは、彼らには市民の言葉を聞きわける「人間の耳」がなく、国家の言葉しか聞き分けられない「司法の耳」しか持っていなかったからである。

「牛肉偽装」にまさる犯罪的な「法律偽装」

この「ＪＲ浦和電車区事件」は、もともと「犯人は事件がないところで作られる」という世にも不思議な冤罪事件としてはじまり――まさに「歴史は夜つくられる」という言葉通りの権力による「闇の事件」であった――、「法は権力の前では沈黙する」という警句通りの東京地裁判決で一段落した。この司法の全過程において明らかになった事実は、司法自身による「法律の偽装」というにふさわしい権力犯罪である。

現在、北海道の牛肉加工会社の「牛肉偽装」が企業犯罪として問題になっている。少し前には耐震強度偽装の建築設計士や建築会社の犯罪が指弾を浴びたことは記憶に新しい。そしていままた、マスコミは大阪の私立高校において、大学入試を試みた優秀な生徒に、学校側が受験料を負担して七十三もの大学を受験させ、すべて合格したことをもって「七十三人の合格」として全体の合格数に算入し、同校の優秀性を宣伝するための「偽装合格」として発表していたことを報じている。このように、企業も学校も収益のためには手段を選ばないという「偽装事件」が蔓延し、あたかも日本が「偽装列島」と化すかのごとき風潮が広まっているとき、公安警察と検察が作り出してきた「偽装刑事事件」たる「ＪＲ浦和電車区事件」をどう裁くのかが注目されたが、その結果は東京地裁自身が憲法無視の「法律偽装」によって、検察の偽装的起訴を正当化することによって示された。

これら国家機関に共通する「法の偽装」こそ、国民の人権と自由を奪うものとして、もっとも深刻かつ悪質な偽装行為といえる。一中小企業の「牛肉偽装」や一学校の「合格数偽装」の行為の害悪をはるかにこえる悪質さだ。なぜなら、彼らの国家としての権力的な偽装は、市民を守るべき法律を逆に無実の市民を罰する法律に変えてしまうという国家犯罪を示すものだからである。

この偽装は、まず公安警察による吉田の「被害届」作成という「偽装捜査」から開始された。その結果、自己責任に属する組合員の労組脱退と会社退職という個人的な私法上の問題にたいして、公法上の権限を持つ警察と検察が介入し、刑法（強要罪）を「偽装解釈」して犯罪事件として立件した。裁判所もまた、そうした刑法の適用を禁じた労働組合法を無視する検察の立件と求刑にたいして、基本線においては組合活動を犯罪的な「共謀」事件として肯定し、罪状にたいして小手先の「修正」を加えつつも、吉田の会社退職にたいしてまで、被告人の「脅迫と吉田の退職との間には因果関係がある」などという偽装的な解釈を凝らして有罪の判決をしたのである。

憲法（第三十一条）は、「何人も、法律の定める手続きによらなければ、その生命若しくは自由を奪われ、又はその他の刑罰を科されない」と定めているが、その法的な手続きの対象となる事件がないにもかかわらず、その事件を捏造した警察と検察に対し、裁判所は、その法の精神にもとづく厳粛な審理を怠り、いたずらに警察・検察の作為のみを追認し合理化するために、無実の市民を罰する「法の偽装」にまで暴走したのである。収益至上主義の企業同様、その真の公益を忘れた裁判所は、世に蔓延する「合法を装って不法を行う」という事態を法の世界にまで持ち込んでしまったといえる。

「疑わしきは被告人の利益に」の原則を守れ

この「ＪＲ浦和電車区事件」はもともと、労働運動に公権力が介入するという誤った治安政策からはじまった。正常な労働運動は、労働組合法によって守られているのであるから、その介入自体が法を無視するものであった。したがって、百歩譲って考えても、この事件には、それが正常な労働運動か、それとも不正常〔犯罪的要素を含む〕な運動かという根本的な疑惑が最初から存在した。その疑問のなかでつくられた被告人は、当初から「疑わしい被告人」であって、そこに何らかの疑わしさがあったとしても、それは「労働運動の範疇に属する行為」だという「合理的な異議」が生じるのである。

しかも、被告人は暴力を振るったわけでも、具体的な証拠のある脅迫をしたわけでもなかった。吉田や警察や検察のいう一方的な解釈によって作り出した薄弱な「状況証拠」があるだけである。このことを考えるなら、事件の根本からいっても、その細部の証拠――だれが、いつ、どこで、どのようにして――もないなかでの判決としては、「疑わしきは被告人の利益に」という刑事裁判の原則を適用して、全被告を無罪とする以外に判決のしようがなかったはずなのである。

ところが、裁判官たちは、裁判所という「小さな法廷」だけで人間を裁くことができると錯覚した。人間の真実は、大きな法廷である「歴史の法廷」においてこそ明らかになるのであり、この事件に関していえば、「国家の陰謀」たる「JR総連・東労組潰し」がすでに失敗したことは明らかなのに、彼らにはその真実が見えなかった。この意味において、いま司法権力が誇示している「法の牙」は、決して「強さ」のあらわれではなく、かえって「弱さ」のあらわれであるといえる。しかし、反面、この「弱さ」は危険でもある。権力は弱くなればなるほど狂暴になるからだ。その実例は、イラクに侵攻したブッシュ政権が、軍事作戦の失敗が明らかになればなるほど、あるいは国民的な支持が低落すればするほど、軍事占領を長期化して狂暴化している例に見られる通りである。

いわば、権力は何でもありの無法をはたらく危険性を持つのである。このことを「ＪＲ浦和電車区事件」に関していえば、彼らの権力操作が可能な「小さな法廷」を国民的な「大きな法廷」のなかに持ち出し、その国民的な批判と審判によって、彼らの無法を防止し、明日の「完全無罪」の勝利の日に備えていかなければならないことを示している。一審の判決には敗れたとはいえ、その勝利への可能性は彼らの「小さな法廷」が下した判決のなかにすら幾筋もの亀裂となって見えているし、何よりも当の労組と労働者を中心とした広範な国民各層との連帯が造り出した「大きな法廷」としての「歴史の法廷」において実を結びつつあるのである。

この歴史においては、権力犯罪を打ち砕いた「松川裁判」、生存権を争って人間裁判といわれた「朝日訴訟」、軍事基地訴訟として自衛隊の違憲を裁いた「砂川事件」の「伊達判決」、あるいは企業犯罪と行政の不作為を裁いた「水俣病裁判」や「富山イタイイタイ病裁判」、人権回復の闘いとなった「熊本ハンセン病国家賠償請求裁判」、教育の国家からの独立を求めた「家永教科書裁判」などなど、苦難を通して人民的な抵抗をつづけて人間の尊厳と権利の回復のために尽くした裁判闘争が数多くある。この「ＪＲ浦和電車区事件」にかかわる裁判闘争も、その本質において、「労働者の権利」と「国家犯罪からの自由」を求める歴史的な裁判となることは確実である。判決直後の「弾劾集会」に見られたＪＲ東労組とＪＲ総連の労働者、そしてその支援者たちの闘いの拳は、全国の五千万労働者の最前列にあって、その前進への重い歴史の歯車を回そうとする意気高い決意と見えた。

マスコミが示した最初の良心的反応

最後に、今回の判決にたいするマスメディアの対応について一言触れておきたい。二千五百万の読者を持つ三大紙〔読売・朝日・毎日〕は、この判決について朝夕刊ふくめて一行も報じなかったという事実である。この対応は、これまで公安警察の権力濫用について沈黙を守ってきた立場からは、一歩前進の良心的沈黙の姿勢といえる。なぜなら、そこには報道に値しない判決という評価が見られるからである。この沈黙の報道姿勢は、「法の偽装」にあれこれ苦心してでも、闘う労働組合を潰そうとした司法権力の一審判決を「報道の価値なし」としたことにおいて、彼ら権力にとってはもとより、『週刊現代』なみのスタイルで大々的な「有罪判決」報道を期待していた者たちにとっても、失望の多いものであったろう。

（『エマージェンシー』二〇〇七年八月五日「別冊」に掲載）

ＪＲ浦和電車区事件の歴史的な意味

「現代の幽霊」を作り出す公安警察

二〇〇二年十一月一日に起こった「ＪＲ浦和電車区事件」から四年が過ぎました。この事件については、みなさんのなかでは知らない人はもちろん一人もおりませんが、全国的な視野で見れば知っている人はまだまだ少数派です。裁判についてはすでに七十万人近くの人々が公平公正な裁判を要求する署名を寄せてくださっているということですから、これからもこの事件を知ってみなさんへの支持をひろげてくださる人々がたくさん生まれることは確実でしょう。しかし、それは自然に支持がひろがるということではなく、みなさんや私たちがそれなりの努力をしてこそ可能になることです。いまのマスコミの状況はみなさんがよくご存じの通りですから、そのメディア・コントロールを打破する私たちの活動こそが肝腎なわけです。

今日は、そうした角度から、「ＪＲ浦和電車区事件」を国民的な関心事とするためには、これをどうとらえたらよいのか、あるいはどう見たらよいのかということについて、私なりの考えを述べたいと思います。この事件の内容やその後の経過については、もうみなさんは十分にご承知だと思いますので、それらの問題には触れずにいきなり本題に入りたいと思います。

この事件をどうとらえるか、あるいはどう見るかという問題について、まず第一に大切なことは、労働運動にたいして司法権力が刑事介入するということは取りも直さず日本の民主主義にたいして攻撃することだという視点を明確にすることだと思います。いわば、このみなさんの労働運動と国民的な民主主義との関係を明確にすることによって、彼ら公安警察の目論見も明確になるからです。みなさんにとっては、公安警察の度重なる執拗な攻撃から、彼らがみなさんの労働運動や組合だけを狙い撃ちしているように見えるかもしれませんが、実はそうではないのです。みなさんの労働運動なり組合が体現している民主主義がターゲットなのです。みなさんが立脚している民主主義が彼ら司法権力のめざす国家路線にそぐわないので、その民主主義をつぶしてしまいたいのです。つまり、このみなさんの民主主義が国民的な民主主義とつながり、その発展を促進してきたということが問題なのであり、そのことが彼らにとって許せないのです。

ここから彼らのＪＲ総連とＪＲ東労組つぶしの戦略がはじまるわけです。狙いの矢はたしかにみなさんに突き刺さってきているのですが、彼らにとってはそのみなさんの背後にあるものが大事なのです。それは国民であり、国民の民主主義です。このことは、私たちの側からすれば、みなさんの運動なり組合が体現している民主主義が国民的な民主主義と不可分であり、その関係において彼ら司法権力の抑圧政策とたたかう根拠が、この国民的な民主主義の戦線においてたしかに存在することを意味しています。この関係を自覚することが、「ＪＲ浦和電車区事件」を解く鍵となる問題だと私は思います。彼らはこの鍵を見えなくするためにあの手この手の策略を弄してきているのです。

それでも、物事を率直に見ようとする人には、その民主主義の危機の実態が見えてきていま す。私はさきほど、最近の新聞のコラムに載った俳人の文章のコピーを差し上げましたが、こ の文章は彼の胸にも民主主義の破壊の矢が飛んできているのを自覚していることを語っていま す。「民主主義とは、文字通り民を主とすること、国の主権を人民に置くことだが、その根幹 が揺らぎはじめているように思える」とこの金箱さんという老俳人は述べています。この国民 的な民主主義の意識こそ、みなさんの民主主義と直結するものです。彼は明らかに権力の隠蔽 の闇を払って真実を見ようとしています。みなさんの民主主義がこうした国民的な民主主義と 結合することが大事だと私は思います。

公安警察などの「革マル派」キャンペーンは、そうした国民的な結合を突き崩し、その連帯の 絆を断ち切る最大の情報戦術でした。ＪＲ総連や東労組は国民的な民主主義とは関係がないのだ、 彼らは特異な存在なのだというわけで、それを百万べんも繰り返してきたのです。『週刊現代』の ようなメディアまで、そうしたキャンペーンを請け負い、権力との合意の捏造を行ってきました。 真実の隠蔽ということによって、みなさんの労働組合運動と国民とを切り離そうと必死の試みを してきたのです。みなさんの組合などへの無法・過剰なガサ入れも、そうした政策の一環でした。

いまでは、この「革マル派」キャンペーンに加えて、みなさんの組合の創設者である松崎明さんなどが、何かとんでもないスキャンダラスな幹部なのだ、妖怪のような人物なのだという使い古されたキャンペーンをまた始めています。マルクスが百五十年以上もまえに、盟友エンゲルスとともに書いた『共産党宣言』の第一ページの書き出しに、「ヨーロッパに幽霊が出る──共産主義という幽霊である」という有名な一行がありますが、彼ら公安警察も松崎さんらを「日本の幽霊」に仕立てて退治しようというわけです。古今東西、権力者たちの手口は相変わらずなのです。ＪＲ総連や東労組にたいする「革マル派」キャンペーンも、「松崎妖怪」キャンペーンも、その本質と手法はまったく同じです。レッテルを貼って、民主主義者やその運動を国民から切り離そうという試みです。それが古今東西、相も変わらない権力者の治安政策のオハコなのです。つまり、レッテル貼りというのが、白を黒といいくるめるための常套手段なのです。その情報操作こそ、権力犯罪の根幹にあるものです。

「思想警察」の露出化

考えてみれば、「ＪＲ浦和電車区事件」というのは、こうした意味での権力犯罪の典型的な例だといえます。警視庁の公安警察は、その権力犯罪を忠実に実行したのです。このことについて、少し述べておきたいと思います。

私がこの「ＪＲ浦和電車区事件」に最初に関心を持ったのは、「犯罪探しをする警察」という姿が露骨に見えたからです。みなさん方の労働組合の問題というよりも、警察の行動様式の方にまず最初の興味を持ったのです。警察が「犯人探し」をするのはごく当たり前のことですが、一字違いとはいえ、「犯罪探し」をするということは極めて異常なことだからです。なぜなら、日本の刑法は、実行された「犯罪行為」を罰するということを原則としているからです。つまり、その「行為処罰」は、それを行った人、つまり「起こった事件」の犯人と特定された人物にたいして行われることになっているわけです。このことは、「事件」やその「行為」がなければ「犯罪」もないし、「犯人」もいないことを意味します。事件もないのに警察が動く必要はまったくないのです。事件もないのに警察の捜査権が発動されるいわれもないからです。ご用聞きのように、警察が「犯罪はありませんか」などと声をかけて歩き回る必要はないのです。それでなくとも、警察は「忙しい」「人が足りない」と言って、多くの県で人員要求をしています。住民が不安を訴えて相談に行っても、まともに相手にしてもらえない事態もさまざま起こっているのは、みなさんがご存じの通りです。これについては、警察の怠慢が住民に被害を与えたとして裁判に訴えられる例があるほどです。

少し前のことですが。栃木県の上三川町というところでは、少年グループのリンチによって殺害された青年（須藤正和さん、当時十九歳）の父親が、その捜査依頼を無視した警察の不手際によって息子が殺されたとして県警を訴え、宇都宮地裁で一億一千二百万円の損害賠償を認められたケースがありました（この講演のあと、東京高裁は「警察の過失がなかったとしても殺害を阻止できたとはいえない」という奇妙な警察擁護の論理によって、賠償額を一千百万円に減額する判決をした）。この事実はまさに「事件」がすでに起こっていてさえも、警察が住民のためには動かないでいる実態を明らかにしています。こうした例は実は全国にはいくつもあって、そのために救えたはずの尊い人命が失われたということが数多くあるわけです。

ところが、です。この「ＪＲ浦和電車区事件」については、逆に、だれも頼みもしないし、「事件」も起きていないのに、警察が先回りしてＪＲ東労組大宮地区の分会の回りをウロウロし、吉田なる人物を見つけ出して、その労組分会関係者によって「脅迫、強要が行われた」とする「被害届」を出させるというようなことをしたのです。そして、その「加害者」とされた組合員などには何の事情聴取も行わず、「被害届」なるものから八か月も過ぎてからいきなり七人の労働者を「強要罪」容疑で逮捕したわけです。このことは、みなさんがよくご存じの通りです。

私が注目したのは、この公安警察のやり方です。内容的にはそれは労働組合運動にかかわる組織問題や民間企業社員の退職問題に刑事介入し、犯罪事件として立件するというものですが、私がまず最初に異常なものを感じたのは、その事件の立件にいたる警察のやり方です。これまでのやり方とはとても違うという強い違和感を持ったのです。それは外国映画などによく描かれてきた、あの玄関のドアをコッコッと叩いて突然逮捕に訪れる秘密警察の姿を髣髴とさせるものでした。日本の公安警察も、ついにヒトラーやスターリンの秘密警察に似てきたなあという思いです。それで私は、その「強要事件」とはいかなるものかを調べる気になり、その拙い調査の範囲でも、これは容易ならざる事態となったという思いを深くし、「法の暴力」というエッセイを書いて私が編集をしている雑誌に載せたのです。そのあと、たまたま東京の何かの会合で四茂野さん（ＪＲ総連副委員長）と初めてお会いしたとき、「読みましたよ」と言われたのです。四茂野さんがどのようなめぐりあわせで私たちの雑誌を読まれたのか、その経緯は忘れましたが、いずれにしろその時が、私がＪＲ総連の役員の方と話をした最初でした。その時まで、私はＪＲ総連にも東労組の本部にも知り合いは一人もおりませんでしたから、もっぱら地方選挙で知り合った水戸地本のみなさんから組合ニュースなどを見せていただいて情報を得ていたわけです。

その情報だけでも、事件の本質が「思想処罰」を目的とする公安警察によって仕組まれた事件だということがよく分かりました。なぜなら、もし吉田なる人物に救済すべき公益的な権利があるとするなら、それはどこから見ても民事上のものでしかないわけですから、労働組合との関係においてではなく、雇用者である東日本旅客鉄道会社との関係において主張すべき問題であるということになります。組合には吉田の退職にかかわって救済すべき何らの理由もありません。オープン・ショップの組合形態を取っているなかでは、労働組合の脱退が即雇用問題とリンクするシステムにはなっていないからです。したがって、会社への民事訴訟に勝つ見込みがないからと言って、その恨みを労働組合にぶつけて「被害届」を出すなどということは論外なのです。それを敢えて行ったという裏には、吉田の意思というよりも、それを利用して刑事事件に仕立てあげようとした公安警察の意図があったということは明らかでした。だれにたいしてであれ、刑事上の処罰によっては、吉田の退職問題にかかわる利害の問題は何も救済できないからです。つまり、どこから見ても、吉田の組合脱退と会社退職の問題については、警察が刑事介入する余地はなかったわけです。

ところが、その介入する余地のまったくないところに、警察が強制的に介入するという事態になりました。これは彼らが吉田を救済して公益を図るというためではなく、その退職などの事例を利用して、東労組に刑罰を与えようとする意図のもとに計画された事件だということを客観的に証明することです。ここに、現代の警察制度における深刻な治安抑圧の実態があるわけです。これは公安警察が思想警察化している実態だということができます。みなさんはお若い方が多いので、戦前と戦後の警察制度の違いについてあまり感じないかもしれませんが、現在の日本の警察制度には思想警察というものはないことになっています。昭和二十年の敗戦の時に、治安維持法と特高警察を廃止して以来、法と権力を「思想処罰」のために恣意的に運用することはできなくなったのです。治安維持法型の警察制度をなくすというところから、戦後の警察制度は作られました。憲法もそのために、わざわざ第三十一条から第四十条までの条項を設けて、警察などによる不法な権力の執行を禁じました。ところがです、それでいて、「ＪＲ浦和電車区事件」のようなことが現実に起こったのです。そればかりか、この事件を契機に、「思想警察の露出化」という事態がますます強まってきています。この動向こそ、日本の戦後民主主義を権力によって突き崩すというもっとも危険な国家的な方向性を示すものです。まさに赤信号が赤々と点灯されたといえる事態です。

「小さな物語」と「大きな物語」

「ＪＲ浦和電車区事件」は、この意味において、日本の警察制度における「思想警察」を露出化させることによって作り出された事実上の第一号事件であったということができます。歴史的な意味を持つのです。この意味は単に時代的な意味だけに限りません。その背景には、日本の「国家物語」という危険で大きな物語が隠されているという事実が重要であります。つまり、「ＪＲ浦和電車区事件」というのは、事件としてだけ見ると「小さな事件」といえるかもしれないのですが、実はその「小さな事件」には「大きな物語」としての危険な国家物語が内蔵されているのだということを見破ることが大切です。いわば、それはみなさんの運動のなかで確認されてきた「戦争と冤罪は国家にしかできない犯罪である」ということを証明する国家物語です。国家の進路をめぐる赤信号の意味もそこにあります。

これからは、この「大きな物語」について述べます。これはみなさんに差し上げた「レジュメ」でいいますと、一ページの（1）の「九・一一後の帝国的政治の危機」と（2）の「グローバルな市場経済への権力的対応」という項目にかんする問題です。当時は小泉政権でしたが、彼らは「ＪＲ浦和電車区事件」を起こす丁度一年前に「テロ対策特措法」をつくりました。これは彼らの盟主であるアメリカがイスラム過激派による「九・一一」事件によって動揺し、イスラム国家をテロ支援国として報復攻撃するという暴走を開始しはじめたとき、その帝国の貴族たる日本が軍事支援をするために作り出した法律です。彼らはこの特措法を皮切りに急ピッチで「有事法制」の整備を行いました。「武力攻撃事態法」（二〇〇三年六月）、「自衛隊法の一部改正法」（同年六月）、「安全保障会議設置法の一部改正法」（同年六月）などを次々に可決してすすめた法整備ですが、これはアメリカの軍事グローバリズムとリンクした戦争準備体制、いわゆる「戦争のできる国」への移行を示したものでした。

そして重要なことは、これらの戦争準備体制への移行が、新自由主義の政治経済理念のもとにあったグローバルな市場経済への急速な移行とリンクしてすすめられたことです。規制緩和とか「官から民へ」という掛け声のもと、彼らは雇用と賃金と社会保障にかかわる市民的な諸権利、つまり労働基本権にもとづく労使の協定の成果や公共的なネットをズタズタに引き裂こうとしました。このため、そうした政策や方向性に反対する勢力にたいして「抵抗勢力」と命名して脅し、その排除に乗りだしたのです。この全体状況についてはみなさんがよくご存じのことと思います。

しかし、この全体的な状況についてはよく理解しながらも、みなさんの「ＪＲ浦和電車区事件」にはじまる一連のＪＲ総連と東労組攻撃がそうした彼らの権力的対応の中心に位置しているのだという事実については、それほど深く自覚も認識もできていないということがあるように思われるのです。これは私の思い違いかもしれませんが、みなさんの日常的な意識や認識はもとより、労働組合的な認識としても、その点が深く自覚されてきているようには見えないところがあります。

と言うことは、「ＪＲ浦和電車区事件」という刑事事件の持つ労組攻撃ということではみなさんの認識は相当深まっていると思いますが、その攻撃の意味する本質的なところ、つまり労働者の持っている労働基本権〔団結権、行動権、交渉権〕の行使によって獲得してきている労働者の自由や平等の権利や条件、これをグローバルな市場主義の競争原理――ここに新自由主義の考え方の基本があるわけですが――によって組み替えていく、それに異議を唱えたり反対する者を「抵抗勢力」として排除していく、その排除の実例の一つとしてあらわれたのが「ＪＲ浦和電車区事件」なのだという認識と自覚の問題ですね、これが弱いという印象なのです。

たとえば、このことについて、七人のみなさんの仲間を三百四十四日も勾留したとき、検察はその被告の一人に、「お前らの組合には個人というものがない。全体主義的な組合だ。だから、お前らの組合は組織を内部から変えることができないから、国家が介入するんだ」と言ったといわれますが、この検事の言葉が図らずも告白している彼らの弾圧の本質の問題ですね、これを深く認識する必要があると思うのです。この弾圧の本質にたいする、みなさんの認識の問題です。つまり、人間が自らの意思によって雇用契約を結び、労働者となって働くということは、諸個人が持つ人権のもっとも基本で具体的な表現であるわけですが、その立場から労働者が労働基本権を行使して自分の権利の擁護のために組合を強化しようというのもまた当然のことです。ところが警察と検察はそうした働く者の基本のところへの攻撃を「全体主義」というような聞いた風の言葉を使って行ってきたわけです。そこに彼らの白を黒とする強権政治の本質があります。

それが彼らの強権的治安という国策の正体なのですが、その正当化が彼らの「大きな物語」としての国家物語の神髄でもあるのです。同時にそこには「もう一つの国家物語」としての新自由主義によるグローバルな市場主義推進の物語が隠されているわけです。それが国家の労働政策の立場からの労働者と労働組合への弾圧正当化の物語なわけです。それらの問題は、もちろん彼らはオクビにも出さずに、「強要罪」適用の「ＪＲ浦和電車区事件」は刑法にもとづく正当な警察権の執行だというわけですが、その治安行為はグローバルな市場主義の推進に合わせて行われているのです。それが、企業によって行われるあの手この手の労働者抑圧策――組織の効率化であるとか国際競争力の強化であるとかいう美名のもとに行う抑圧策――にかわって、刑法による一気の労働者弾圧政策の試みでもあるのです。ですから、「ＪＲ浦和電車区事件」は、端的にいえば、刑法による労働法の弾圧とも表現できるのです。

「孤塁」は正義と連帯の基礎

刑法の歪曲的な拡大解釈による労働者と労働組合弾圧は、現在の司法と労働をめぐる最大の課題の一つといえますが、しかし現実にはこのことを理解して立ち上がり、異議を申し立てようとする労働組合は当事者であるＪＲ総連や東労組を除いては国内的にほとんど皆無の状態なわけです。「連合」はおろか「全労」も他の「労協」も声なしの状況であり、革新政党といわれるところも、政党としては何らの異議の申し立ても行っていません。そればかりか、野党の国会議員のなかにさえ、警察庁や検察庁に輪をかけてＪＲ総連と東労組にたいし弾圧煽動を行う議員までいる始末です。マスコミも、この刑法が労働法を弾圧するという事態について、国民の知る権利に応えるような報道をしようとする気配を一向に示していません。

この意味では、ＪＲ総連と東労組は、「孤塁」をまもって奮闘しているという状況にあります。しかし、この「孤塁」は、望ましいものではないとしても、悲しむべきものでも、絶望的なものでもないと私は思います。戦前、山本宣治という労農党の代議士は、政治的自由獲得のために労農同盟ただ一人の国会議員として活動していたとき、「山宣ひとり孤塁を守る」といいましたが、いまのＪＲ総連と東労組の「孤塁」もこの山宣の「孤塁」に通じていると思うからです。正義と未来は、この「孤塁」の方にこそあります。山宣はその最後の活動として治安維持法の改悪に反対し、右翼の刺客によって暗殺されてしまいましたが、その「孤塁」の正義のメッセージは戦後の民主改革のなかに甦り、平和憲法のなかに燦然とかがやいております。

しかも、現在は山宣が殺された一九二九（昭和四）年とは違います。それは「ＪＲ浦和電車区事件」にたいしても七十万人に近い人々が「公正・公平な裁判」を求めて支援していることを見ても明らかです。そして、その支援の輪は広がりつつあります。国会でも、この事件の本質を理解する議員が少しずつではあるとしても増えてきていることも事実であるように思います。二〇〇三年二月の『週刊新潮』が「ＪＲ浦和電車区事件」の七人の被告の釈放要望書に署名した五人の国会議員にたいして、事件の中心人物が「革マル派幹部」であるというような荒唐無稽な理由によってバッシングを行ったころと比べると、こうした執拗な政治的バッシングの継続にもかかわらず、国会議員の理解と支持も拡大しているように見えます。

つまり、たたかいの四年間を通じて、みなさんの「孤塁」は「孤塁」ではなくなる方向へと前進しつつあるように見えます。この方向性は、今後さらに「ＪＲ浦和電車区事件」の持つ現代の政治経済にしめる歴史的な意味が解明されるにつれて、さらに確かなものとなり、その前進の足取りを速めると確信することができます。そしてそのためにも、まずたたかいの先頭にあるみなさんが、この事件の持つ歴史的な意味を明らかにして前進することが大切だと思うわけです。さきほど言ったことばでいえば、「大きな物語」の解明ですね。

このことを強調したいのは、彼らが「国策治安」の立場からみなさんにたいして猛烈な攻撃を仕掛けてきている本質とその性格を理解するうえで、この軍事と政治経済のグローバル化をテコにした国家改造政策の問題はきわめて重要だからです。この国家改造政策があってはじめて「ＪＲ浦和電車区事件」も仕組まれてきたわけであり、ＪＲ総連と東労組、あるいはそのシンボル的な闘争者としての松崎明さんにたいする執拗な攻撃も、小泉から安倍政権にかけて追求されてきている国家改造政策があってのことだからです。安倍の言葉でいえば、それは「戦後レジーム」の破壊ということなのですが、この「戦後レジーム」の民主主義的な展開の中心の一つにいたのがみなさんの労働運動でしたから、彼らの新国家主義的な戦後改革という名の攻撃の矢が最初にみなさんのところに飛んで来るのは必然的なことでもありました。

さきほど山宣は治安維持法改悪に反対して右翼に暗殺されたといいましたが、いま刑法を治安維持法的に運用してみなさんに襲いかかっているのが現代の公安警察です。この意味では、山宣の闘いともまっすぐにつながるわけです。いまから三十年以上も前に、政府は「刑法改正案」を出して、現行の刑法にある「共同正犯」規定に二項を設けて、「二人以上で犯罪を謀議し、共謀者の或る者が共同の意思に基づいてこれを実行したときは、他の共謀者もまた正犯とする」

とする改正をしようとして果たせなかったのですが、今度の「ＪＲ浦和電車区事件」にたいして検察が「共同正犯」として起訴したこと、また先日の検察の論告公判において、ＪＲ浦和電車区分会関係の組合役員と組合員の諸活動を「吉田に対する組合脱退・会社退職」の共謀行為だとする論告求刑を行ったことは、彼らが刑法改正で果たせなかった三十数年来の宿願を「ＪＲ浦和電車区事件」によって果たそうとしていることでもありますから、このたたかいは文字通りの司法反動とのたたかいであり、かつて山宣が示した治安維持法改悪反対と同様の歴史的意義を持つ闘争だといえます。

「ＪＲ浦和電車区事件」は、たしかに刑罰の軽重だけからいえば、事件としては小さな事件ですが、そこにあらわれた司法権力の実態からいえば、その司法の「戦後レジーム」を破壊するに十分な意味を持つものです。戦後の警察・検察史から見ても画期的な事件であることがわかります。その本質は「事件」のないところに犯罪事件を作り出すというところにとどまらず、労働運動の協議や会合を「共同謀議」として立件して、その諸活動にたいして「思想処罰」を加えようとする民主主義破壊の権力犯罪を実行したところにあります。刑法にはどこを探しても「共謀罪」なるものは存在しないのに、それを労働組合にたいする「強要罪」の適用によって実行したところに、その刑法運用のからくりの本質があったわけです。

「国策治安」の実態

「ＪＲ浦和電車区事件」は、そうした支配的政治と治安当局による「法の偽装」として仕組まれた刑事事件でした。この事件のあと、大阪の「関西生コン労組」へ刑事弾圧がかかったことは、偶然ではありませんでした。彼らが大手ゼネコンを主軸とするグローバルな市場経済から仕事を守るために地域の協同組合活動を進展することは許されなかったのです。それは刑罰をもってでも阻止すべき大手ゼネコンへの対抗運動とみなされたのです。彼らの活動のなかに労働組合による「脅迫・強要行為」があったとして、大阪府警公安部と大阪地検は六人の組合指導部を逮捕・起訴しました。そこにも「法の偽装」があった疑いは濃厚です。つまり、この東西にわたった二つの労働組合への刑事介入事件は、いずれも労組の団結行為を脅迫・強要の「犯罪」としたことにおいて一連のものでした。そしてそれは事件の形態の同質性の問題にとどまらず、戦後の刑法と刑事訴訟法にたいする質的な構造転換というにふさわしい治安維持法的方向性を示したことにおいて、画期的なものでした。それは文字通り、労働運動と民主主義にたいする国家的な統制というにふさわしいものであったことにおいて、政府におけるデモクラシーの質の転換をあらわすものでした。

このことはまた、「ＪＲ浦和電車区事件」以降に起こされたさまざまな抑圧と弾圧の事件、すなわち「立川市民グループ」の反戦ビラ配布にたいする刑事介入事件、赤旗号外を配布した社会保険庁職員への公務員法違反事件、あるいは政党の都政情報資料を配布した僧侶にたいする住居侵入罪事件、さらには公衆トイレに反戦的な落書きした青年への器物損壊罪事件等々、「国策治安事件」というべき事件の連続によって雄弁に語られ、実証されています。

これらの事態は、警察の手が市民生活そのものといえる連帯行動や情報伝達行動のレベルにまで及び、市民的で自立的な生存のための「政治」そのものを直撃している実態をあらわしています。先日は、鹿児島県の県議選買収事件なるものの冤罪の実態があきらかにされる裁判がありました。警察の捜査が無法なかたちで市民の投票権や立候補する権利にまで及び、これを検察が不法に起訴したため、無実の市民が十二人も勾留されていたことにたいし、地裁も全員無罪の判決を出さざるを得なかったのです。

この事件なるものを捜査し起訴した県警と地検は、裁判のための協議では口裏を合わせ、自白調書の矛盾を隠蔽する証拠隠滅工作までしていました。つまり、警察と検察は合意の上で自らの違法行為を隠蔽するという犯罪的行為をしていたわけです。司法機関による日本版「マニュファクチャリング・コンセント」〔ノーム・チョムスキーとエドワード・S・ハーマンが「マスメディアの政治経済学」として描いた「合意の捏造」のこと〕といえる実態です。

実に深刻な事態です。国権には法治と統治という二重の原則がありますが、近代においてはそれが法治という普遍の原則によって統合され、法の支配の下で統治するという立憲主義の原則として確立されたはずですが、現在の日本の司法権力を見ていると、その法治と統治の原則がふたたび逆転させられるということによって、立憲主義が危機に直面していることを感じます。最近の日本において裁判以前の検察の段階で、これほど多くの冤罪が作られるということは、単に司法の違法行為というだけにとどまらず、日本の民主主義が司法制度に貫徹していないというところに根本的な原因があることを示しています。たとえば、民主化のすすんだ戦後の検察制度でも、検察官の自由裁量権がほとんど無制限といえるほどに保障されていますが、これがその執行に不公正な結果をもたらしていることは疑いを容れません。

とくに、それが国家の政治的な行為にかかわるとき、いわゆる「国策治安」の権力として狂暴な抑圧の形態を取ることは歴史が教えるとおりです。民権が抑圧されていた明治でいえば、「大逆事件」がその典型であり、さらに戦中には「横浜事件」があり、司法改革がすすんだといわれる戦後においても、「松川事件」がその実例としてつくりだされました。これは煎じ詰めていえば、明治以来の民権と国権の闘争において市民革命を成熟させることができなかった結果の反映といえるでしょうが、戦後においても民主主義が「制度の民主主義」――司法制度や警察制度もその一つ――にまで貫徹していかなかったあらわれだといえます。

もちろん、この制度の民主主義の問題は、日本だけの問題ではありません。市民革命が達成されたといわれる欧米でも、その民主主義にいたる立憲的な法治の原則の確立は容易ではありませんでしたし、現在でもさまざま揺れ続けています。「九・一一」後のアメリカにおいて「愛国者法」がつくられ、またその抑圧機関の増強のために国土安全保障省がつくられたり、ＦＢＩが裁判所の令状なしに容疑者を拘束できるということになって、多数のアラブ系市民が逮捕・拘束される事態が続出したことはみなさんがご承知の通りです。アフガン戦争では海外ではキューバのグアンタナモ基地に秘密の強制収容所を作り、またイラクへの侵略戦争のなかではアブグレイブ刑務所なるものを作って容疑者を閉じこめ、いずれもやりたい放題の拘禁と拷問を行いました。開発途上国でおこなわれている「銃が法を黙らせる」という実態が米軍によって実行されていたのです。

日本の場合は、やり方が違って、銃をつかうかわりに「違法」を「合法」とすることによって「法が法を黙らせる」という手のこんだ方法が取られました。「ＪＲ浦和電車区事件」の七人の被告を三百四十四日も閉じこめておくという合法を装った人権無視の弾圧は、その典型でした。その「無法的」合法というのが「長期勾留」という日本式拷問の特徴なのです。アメリカ式拷問は、グアンタナモやアブグレイブという米軍基地で秘密裡に行うのと、エジプトやサウジアラビアなどのペルシャ湾岸諸国の拷問実行国に容疑者を送致して拷問をさせるという二つの方法を取っていますが、日本はあくまで合法の装いを取るために裁判所の同意を得て長期に身体の自由を奪うという方法を取るわけです。その拷問の本質は自由の略奪と身体への暴力においてアメリカと同じです。もし、アメリカと日本の司法の実情について違いがあるとするなら、その実情にたいするメディアの対応に違いがあるだけです。世界のメディアはその報道によって米軍の強制収容所や米国と結託したイスラム諸国の拷問の実態をさまざまバクロしてきましたが、日本のマスメディアは「ＪＲ浦和電車区事件」の七人の被告が何の合理的な理由もなく三百四十四日も勾留されていたという「拷問」については一行も触れなかったという事実があるわけです。

そして現在では、このマスコミの沈黙は、逆に公安警察追随の『週刊現代』のようなメディアを産み出しています。『週刊現代』を出している講談社は、戦前、『ヒトラーの絵本』や「大東亜戦争」絵本などを発行して、少年少女にヒトラーの英雄視と日本の侵略戦争の賛美を行った出版社ですが、今日また『週刊現代』のように公安警察と一体化した報道を行ってＪＲ東労組とＪＲ総連を攻撃し、その元組合役員の逮捕を公然と煽動するまでになっています。そうしたメディアの煽動に乗じて、国会のなかでも、政治常識では考えられないような反ＪＲ東労組キャンペーンが行われています。

この具体例は、今年（二〇〇七年）の二月二十一日の衆議院国土交通委員会において、伴野豊議員（民主党）によって演じられました。彼は「国鉄改革二十年たった今でも、トゲのように刺さっているのがこの革マル派でございます」として、それをＪＲ東労組と結びつけ、警察庁の米村警備局長から「平成八年以降、革マル派の非公然アジト二十数カ所を摘発いたしております。これらのアジトの一部から押収した資料を分析するなどした結果、ＪＲ総連及びＪＲ東労組内において革マル派活動家がその影響力を行使し得る立場に相当浸透しているというふうに見ております」というような答弁を引き出して、ＪＲ東労組への刑事弾圧を正当化する役割を演じているわけです。

この時、米村警備局長は「ＪＲ浦和電車区事件」について次のように語りました。「革マル派活動家を含むＪＲ東労組の組合員らが、ＪＲ東労組と対立する労働組合に所属する者と行動をともにするなどした組合員に対しまして、組合の脱退あるいは退職を強要した事件というのを検挙しているところであります」というのですが、これが「ＪＲ浦和電車区事件」を指していることは言うまでもありません。この国会答弁こそ、まさに虚偽答弁の典型です。なぜなら、まさにその警備局長の国会答弁と同じ日に行われた「ＪＲ浦和電車区事件」にたいする東京地裁の公判において、検察の論告は「革マル派」を含む組合員の「事件」とした当初のシナリオが全面的に崩壊したことを認め、かわって組合の組織「犯罪」とする論理を展開していたからです。つまり、米村局長の答弁にある「革マル」云々は、検察論告の事件の性質としては一言も触れられないものでした。警備局長はそのことを知ってか知らずか、無責任な放言というべき内容の「革マル派」答弁をしたのです。

一方、国会議員の立場にある者（伴野豊）が、この警察庁警備局長の無責任答弁をさらに拡大して、「ＪＲ総連が、革マルに五千人規模で侵食されている」などという架空の論議（デマゴギー）を展開して国土交通省を煽動するというわけですから、事態はほんとうに深刻です。国家機関の執行について合法性をただすべき野党議員が逆にその不法を推進し、督励するという役割を公然と演じているわけです。彼が業界人（彼はＪＲ東海出身の議員として鉄道会社とそれに歩調を合わせる労組という一種業界的な利益に奉仕する役割を演じる立場を持ち、その限りにおいてＪＲ東海会長であり、且つ国家公安委員の葛西敬司氏とも連携する立場を持つ人物でもある）の役割を演じているのは明らかですが、その論理は業界論議としても最低のものといえます。なぜなら、そこに業界としての最低の倫理もなく、ただひたすらイデオロギー的な煽動を行っているにすぎないからです。彼が国土交通大臣に対し、しきりにＪＲ東旅客鉄道会社に革マル対応の予防措置を取らせろと要求し、それを「五千人規模」の革マル浸透という一人よがりの架空話を根拠に、「国家の治安の問題」が問われているのだと息巻いた姿は、ＪＲ総連と東労組にたいして検察以上の「思想処罰」を求めたものといえます。

その異常な要求にたじたじとなりながらも、冬柴国土交通大臣が「思想、信条の自由ということがあります。そしてそれは、表にあらわれた行為については、これは刑罰法令に触れれば厳しく所管する者が対処していくわけでございまして、そういうことがない状況の中で、思想、信条、その人がこういう思想を持っているというだけで、我々がその心のひだの中に踏み込んでどうこうするということは、我が国の憲法体制のなかでは非常に難しい」と答えて、「思想処罰」には反対を表明せざるを得ませんでした。いずれにしろ、警察や検察ばかりか、野党の国会議員のなかにも一九五〇年代アメリカの「赤狩り」を髣髴とさせるような「思想処罰」の動きが出ている事態は、現在の日本の民主主義の危機と言わずして他に言い表しようがありません。「国策治安」の実態はマスコミや国会を巻き込んで、実にここまで来ているのです。

「国家の言葉」と「市民の言葉」

最後に、この「ＪＲ浦和電車区事件」をとおして感じた私なりの感想を申し上げて、この話を閉じたいと思います。それは、言葉の問題についての感想なのですが、「国家の言葉」と「市民の言葉」という二つの側面からお話ししたいと思います。

普通、言葉について、これを「国家の言葉」と「市民の言葉」というように分けることはしません。私たちは、国家とか市民とかいう立場について意識することなく言葉を使っています。もちろん、それでいいわけです。普通はそれで十分に理解ができ、コミュニケーションを取ることができます。ところが、その言葉が突然通じなくなり理解できなくなる時があるのです。理解を阻み、コミュニケーションを断絶させてしまう言葉の出現という事態です。それはどんな言葉なのかといえば、権力によって一方的に発せられる言葉です。

みなさんのなかでは、それをもっとも鋭く体験したのが「ＪＲ浦和電車区事件」の被告とされた七人の人たちだと思います。この七人のみなさんは、裁判所の令状を示されて、警官から「家宅捜査をする」「逮捕する」と言われたとき、その言葉の真の意味を理解できなかったに違いないからです。それは理解ができなかったばかりか、それを発した警官と自分との間に大きな断絶がひろがり、自分が途方もないところに連れ去られるような感覚を抱いたに違いありません。

私がここでいう「国家の言葉」とは、そういう日常的な言語感覚を略奪し破壊してしまうところに本質がある言葉のことです。そこに国家というものの権力的な本質があるという意味の言葉です。みなさんは、日常生活のなかで「国家とは何か」ということはあまり意識しないでしょう。そのせいもあって、あらためて「国家とは何か」ということを聞かれても、すぐには答えられないのではないかと思います。「日の丸」を思い描いたり、地図のなかに描かれた国土のかたちを思い描いたりするかもしれません。あるいはパスポートに書かれた「日本国」という言葉を思い起こす人がいるかもしれません。ある学者は、国家とは「ゆで卵」のようなもので、黄身があり、白身があり、殻があるということで、それら三つの要素――黄身は統治機構であり、白身は国民であり、殻は国土である――から成り立つものだという具合に説明していました。

しかし、私は国家とはそうした固定的なかたちで秩序だったものではなく、「扇子」のようなかたちをしたものであって、その小さな握りの部分にあたる支配層と大きな羽根の部分にあたる被支配層という二つの社会集団から成り立っているものだと理解しています。極小の少数者が圧倒的な多数者を支配しているという構図です。そして、この少数者の社会を構成するのが「政治社会」であり、多数者の社会を構成するのが「市民社会」ということになります。本来なら、この多数者の「市民社会」が少数者の「政治社会」を支配し、その意思のもとに「政治社会」を運営するのが立憲政治の原則なのですが、しかし現実にはこの支配と被支配の関係は逆転していて、少数者の「政治社会」が主権を持つ多数者の「市民社会」を支配していて、彼らが作る法律とその権力的な解釈のもとに国家の運営に当たっているわけです。

もちろん、こうした関係が成り立つのは、少数者の「政治社会」が多数者の「市民社会」のなかにさまざま浸透し、その合意を取りつけているからですが、多くの場合、その合意は政治的捏造による合意というレベルにとどまっています。たとえば、二〇〇五年の「九・一一」総選挙が如実に示したように、「官から民へ」という小泉内閣の改革路線なるものは、その少数の支配層の利益のための政治経済構造を作り出すことでしたが、国民の多数者はそれを自らの利益につながるものと判断して「合意」をあたえました。その後、国民生活のなかに噴き出したさまざまな「格差拡大」の事実によって、その多数者の示した合意は実際には「捏造された合意」でしかなかったということが分かりました。その与えた合意によっては、政治経済にかかわる支配と被支配の構図は何も変わらなかったことを見出したのです。

この「捏造された合意」によって少数者が国家を支配してしまうというところに、権力の歪みと横暴が発生する最大の原因があると思うのです。支配層と被支配層に分裂した国家を、その支配層の利益のために運営するとき、彼ら少数者には多数の被支配層にたいする支配をさらに強化することが必要になるからです。そのためにさらなる「捏造」を必要とします。「ＪＲ

浦和電車区事件」は、司法の分野にあらわれたその種の「捏造」の一つです。そして、その捏造のためにさまざま公安警察や検察の口を通じて語ってきたのが、正義を装った「国家の言葉」でした。二〇〇二年十一月一日に、七人の頭を真っ白にしたのが、この理解不能の言葉だったわけです。彼ら公安警察はその彼らの言葉を理解させるために七人に手錠をかけ、彼らの代用監獄へと強制連行したのでした。

私が「扇子型国家」について触れたのは、そうした労働者にたいする強権発動が行われる根源のところに、その支配と被支配の関係に根ざす国家の強権があるからです。その強権が支配のための策謀としてさまざまな「捏造」を作り出します。「ＪＲ浦和電車区事件」の理解のためには、このことをよく認識していただく必要があります。吉田の「被害届」があって偶然に起こされた事件ではないのです。吉田の「被害届」がなくても、彼らはそれにかわるものを必ず見つけ出したことでしょう。その後、ＪＲ総連などに執拗に続けられている家宅捜索も、相も変わらぬ「革マル派」キャンペーンも、彼らの目論見をよくあらわしています。

つまり、少数者支配の国家が語る言葉は、基本的にその支配を正当化するための「合意の捏造」のためなのです。そのことは、「ＪＲ浦和電車区事件」の一から十までのすべてにかかわる彼らの「国家の言葉」が明らかにしています。だれかが傷つけられたのでもなく、またたれれかが殺されたのでもないし、だれかが物を盗まれたのでもないという状況において、組合員たちは労働運動の言葉をもとにした行動をしただけなのに、その市民的、労働者的な言葉を犯罪視し、それを「強要罪」事件としたのは、そうした「国家の言葉」による理解と解釈においてでした。しかも彼らは、そこに「革マル派による共謀事件」というストーリーを埋め込もうとしたのでした。そしてそれは見事に失敗したことを今年二月の検察論告は白状せざるを得なかったのです。

この点で、彼ら公安警察や検察が話す「国家の言葉」は実に不思議なものです。その言葉が人間の記憶や具体的な状況から切り離されて、抽象的な世界での言葉として語られているからです。その典型は「ＪＲ浦和電車区事件」の起訴状と今度の検察論告で繰り返されている「おまえ、組合を辞めろ」から「いい加減に身の振り方を考えろ」にいたる一連の「言葉」です。こんな一連の言葉は東労組のなかではだれ一人口にしたこともないのに、それがあたかも現実に言われた言葉のように記されているのです。お芝居の口上ならいざ知らず、現実にこのような言葉を話す人間はいませんし、またそうした言葉で話すこともできません。それこそ、現実の人間の言葉ではなく、亡霊の言葉です。人間の記憶の文脈とも存在の状況とも切り離されて、こうした言葉だけが抽象的に発せられるということは、現実の市民社会でも労働運動の現場でもあり得ないことなのです。そうした言葉の捏造ができるのは、警察や検察の操る「国家の言葉」においてだけです。ですから、この「国家の言葉」は、市民と労働者の日常的な言葉にたいする権力的な略奪によって成立する言葉であると言うのです。

そもそも、労働運動というものは、何か物体のように具体的なものでも、固定的な意味で可視的なものでもなく、人間の身体や言葉によってあらわされて時間とともに消えていくものです。会議であれ、共同行動であれ、そこに同席し、共同体験をしなければその細部にいたる真の内容は確認できないものです。したがって、その内容を丸ごと瓶詰めにしたり箱詰めにして整えておくことができないものです。すると、そこにあらわれた事柄を「犯罪」とするためには、それを目撃したり体験した者の事実に即した具体的で正確な証言が必要です。ところが、彼ら警察と検察には吉田の怨念による歪曲された記憶か、あるいは警察の誘導にもとづいた供述しかないわけです。しかも、問題が言葉であるとき、たとえ意図的な歪曲や他者からの誘導がなかったとしても、そこに聞き違いや記憶違いといった事柄も避けることができないということがあります。

それは人間の意識や記憶と言葉との関係では常に起こることなのです。それが自分の発した言葉ではなく、他人が発した言葉のときには、そうしたズレの現象がいっそう起こりがちです。

昨日のことですら、自分が他人との関係においてどのような言葉を発したかを正確に再現することは考えるほどには容易ではありません。まして、他人がどう言ったかを正確に思い起こすことは困難なのです。何を言ったかについては意味的に覚えていたとしても、それをどのような言い方で言ったかについては自分の言葉ですら正確に再現することは困難なのです。人間の記憶は、話した言葉の再現のために役立つほど正確でなくても支障はないということ、すなわちその意味内容にたいする記憶で十分だという範囲で形成されているからです。

そして人間の記憶の不確かさについては、たとえばこれは、「ＪＲ浦和電車区事件」の弁護団のお一人であり、「支援する会」の代表でもある後藤昌次郎さんが『冤罪』という書物に書かれていることですが、その「弘前大学教授夫人殺人事件」では、殺された夫人と同じ部屋に寝ていたお母さんの犯人目撃調書というものがありました。実の娘が直ぐ近くで殺されると言う衝撃的な事件であるゆえに、その犯人への目撃記憶も強烈なものであったに違いないのですが、しかしそれでも実際にはその記憶は真犯人とは別な人物を犯人像として記憶したものでした。それほど、記憶というものはあやふやなものなのです。まして、吉田の組合脱退から会社退職までの記憶は、不満や恨みというものがあったとしても、その組合との言葉のやり取りを正確に細部にいたるまで記憶しておこうとするような意識のもとに形成されたものとはいえないというのが実情だったに違いないのです。せいぜい、吉田の記憶に残されていたものといえば、それらの実際の言葉にたいする「意味」として理解した程度のものだったでしょう。

にもかかわらず、公安当局は、告発者たる吉田の「言葉」の意味の記憶しか残されていない時点において、その「意味」を作り替えることによって「事件」を作り出すという手法を取ったのです。これは明らかに、真実の「言葉」にたいする偽装の試みであり、その実際の言葉によって事実として語られた「意味」の隠蔽を行うための権力的な作為といえるものでした。彼らの「誤起訴」の最大の原因は、ここにありました。「ＪＲ浦和電車区事件」という冤罪事件は、こうした「言葉の捏造」によって作られたのです。

百八十年ほど前に、ビクトル・ユーゴーというフランスの作家が『死刑囚最後の日』という小説を書いたとき、彼は「法律が人を殺し、法律が窃盗を生み出す」ということを言いましたが、「ＪＲ浦和電車区事件」に使われた刑法の「強要罪」はまさにこのユーゴーのいう法律そのものです。法律をして「ＪＲ浦和電車区事件」を生み出し、法律をして無実の労働者を三百四十四日も閉じこめたのです。いま、私たちはユーゴーに遅れること百八十年にして、この法律弾劾をしなければならないのは何とも残念なことですが、そうした民衆的な弾劾によってしか法律も社会も変わりませんから、私たちはひるむわけにはいかないのです。

新しい共同と連帯の課題

もう一つ、最後に蛇足をつけ加えます。さきほど私は「国家の言葉」にたいする「市民の言葉」ということを言いましたが、いまその双方の言葉、つまり「国家の言葉」と「市民の言葉」のどちらも大きな試練にたたされているという問題です。「国家の言葉」の実態は司法の言葉によってすでに危機的な状況にあることを見てきましたが、いまではその最良の「国家の言葉」としての憲法まで改悪してしまおうとする圧力が強められているなかで、その言葉の危機はさらに全般的に拡大し、深まっています。憲法が「国家の言葉」として最良なものだということは、そこに「もう戦争はこりごりだ」という民衆の思いと市民の立場から国家権力を制限する民主的な条項がもりこまれているからですが、いまでは安全保障の問題でも労働基本権の問題でも、その最良の「国家の言葉」を破壊しようとする勢力のもとにあって、それは危機に瀕しています。

一方、「市民の言葉」は、もっとも共同的な紐帯が強固だといわれる家族の間ですら、さまざま崩壊の危機にさらされています。たとえば、最近、家族間の殺人事件が続発しているということがあります。昨年（二〇〇六年）十二月には外資系金融機関で働いていた金融マンが妻に殺害されたかと思うと、この二〇〇七年一月には歯科医師になるために受験勉強していた青年が新人女優として活動をはじめていた妹を殺害して切断したという事件がありました。いずれもセンセーショナルに報じられましたから、みなさんのよくご存じのことでしょう。少し前には、私の住んでいる町の近くで、大学受験のために浪人をしていた青年が両親を撲殺したという事件がありました。東京でも両親を殺して家に放火したため、妹まで焼死させてしまったというような悲惨な事件がありました。つまり、もっとも言葉が通じるはずの家族間でも言葉が通じなくなり、暴力的な事件へとエスカレートしてしまう例が増えているわけです。

職場であれ、家庭であれ、学校であれ、社会であれ、その人間的な共同を確認し、進展させるためには、その「市民の言葉」がそれにふさわしい生命力を持つということがきわめて大切ですが、実情はそうなっていないのです。家庭で起こることは職場でも社会でもおこりますから、その言葉のディス・コミュニケーションの実態をしらべたなら、大変な事態だろうと思うのです。「いじめ」の頻発も、そうした事態のあらわれといえるでしょう。「市民の言葉」の危機もまた「国家の言葉」の危機に劣らない深刻な状況になっているのではないでしょうか。みなさんの職場の問題としていえば、また吉田のような組合員があらわれたら、どうするかという問題でもあります。これらのことは単に「国家の言葉」に対抗するために「市民の言葉」の復権が大切であるという以上に、「市民の言葉」自体の問題として深く考えていくことが重要であることを教えているように思うのです。

つまり、家庭であれ、職場であれ、学校であれ、社会においてであれ、人間的な対話をどう通じ合わせるかという問題です。この家庭から社会にいたる市民的な関係において、人間的なコミュニケーションを可能にする最大の手段と方法は「言葉」にあります。ところが、その「言葉」が通じなくなっているということは何ゆえなのか。この問題は、労働運動の局面においても深く掘り下げられる必要があるのではないでしょうか。しかもそれは、自らの労働組合を職場から活性化させ、その「仕事と職場と生活を守る」という共同の事業を発展させるうえからも不可欠であるように思います。そして、この問題は日本的な労働運動の問題、つまり労働組合の組織率が年々低下している国民的状況において、これからの日本をどうするのかという課題にたいする「労働者の言葉」をそれにふさわしく復権させ、現状をいかに変革するかという課題ともつなげていくということが大切です。この意味において、職場の状況から全国の状況までを視野に入れざるを得ない労働運動にとって、この「労働者の言葉」の復権、「労働者の言葉」を職場においても社会においても「通じ合わせる」という課題は大きな意味を持つと思います。一労働組合という立場からも、労働界全体の立場においても、究明されなければならない切実な課題がここにあると思うのです。おそらく、この課題への探求を怠るなら、労働者と労働組合の未来はなくなるのではないかと私は思います。これを不吉な予感としないために、みなさんがさらにご奮闘してくださることを念願して、私の話を終わらせていただきます。

（この文章は、二〇〇七年三月十日に、ＪＲ総連の研修会で行った話をもとに、改めて整理したものである）

冤罪を崩す

1

冤罪が司法官僚による国家犯罪であることは今や明らかである。それゆえに、冤罪を防止し、あるいはすでに仕掛けられている冤罪を突き崩すのは容易ではない。そこには司法という国家の壁があるからである。モンテスキュー的な「法の精神」において、司法とは本来、市民の自由と正義を守るための制度であるはずであったが、その国家の権力的な運用においては逆に市民の自由と正義を抑圧する手段と化す事実があるわけである。冤罪はその典型である。

国家が司法三権〔警察権、検察権、裁判権〕を持つ現実において、そのうち、警察と検察という二つの国家機関が起こした冤罪を、もう一つの国家機関である裁判所が裁くということがいかに困難であるかを裁判の歴史は語っている。いわば、三者は国家的な治安と社会的な統制〔コントロール〕の名において市民にたいして厚い壁を作ってしまうのである。その壁の中で作られる最悪の事件が冤罪である。それゆえ、国家が変わらなければ冤罪を生み出す司法も変わらないし、司法が変わらなければ冤罪を生み出す国家も変わらないという大変やっかいな現実がある。

そして、忘れてならないことは冤罪にも多様な形態があるということである。「免田事件」

の免田栄さんのような例、つまり警察の捜査段階から最高裁の死刑確定判決までの全プロセスにおいて冤罪が演じられ、長期にわたる苦難の再審請求においてやっと無実が晴れたという典型的な冤罪事件のほかにも、冤罪事件は数々ある。たとえば、一審では被告十二人全員が無罪となったものの、その無実の罪で逮捕・起訴されて人権と名誉を根底から損なわれた鹿児島県議選の公職選挙法違反事件。彼ら被告人のなかには四百日近くも勾留され、一審の無罪判決の前に事実上の有期刑が科せられたに等しい事態に陥れられて事実上の犯罪者扱いをされた者がいることからも分かるように、有罪判決がなくても冤罪被害者は存在するのである。

今年（二〇〇七年）十月に明らかになった冤罪事件に、富山県氷見市で起きた婦女暴行罪などの犯人とされた柳原浩さんの例がある。これは一審で有罪となった柳原さんが裁判制度に絶望して控訴審を諦めたケースであったが、二年余の服役後に真犯人が現れて無実が証明された事件である。逮捕・起訴から有罪判決、そしてそのあとの無罪確定までの五年半、柳原さんは文字通り強姦という破廉恥・凶悪な事件の犯人としての人生を強制された。この柳原さんの五年半の冤罪被害と免田さんの約三十年に及ぶ冤罪被害は、その自由の剥奪と屈辱において本質は同じである。

それだけではない。冤罪には、もう一つ深刻な事実がある。その具体的な例はＪＲ東労組の組合員ら七人に「強要罪」を適用した「ＪＲ浦和電車区事件」である。この事件は、同じ冤罪事件でも、上記三つの冤罪事件とは性質が異なる。どこが違うか。上記三つの事件は、ズサンで高圧的な警察捜査からはじまり、その捜査結果をまったく無批判に受け入れて起訴した検察、そして鹿児島の事件を除く二つの事件については裁判所が起訴事実に厳正なチェックをせずに有罪としたものであったが、それらは彼ら司法官僚の「過誤の集積」ではあっても、特定の「国策捜査」によって意図的に冤罪事件を作り出す目的で行われたものではなかった。

ところが、「ＪＲ浦和電車区事件」のような場合は、悪意にしろ善意にしろそうした「過誤」によって起きた事件ではなく、最初から司法の側が犯罪を作り出そうとして〔無実の者に罪を着せようとして〕起こした事件である。この人為性が国家の治安政策にもとづくものであることにおいて、「ＪＲ浦和電車区事件」は形式的には刑事事件といわれながらも、その本質は国家の側が仕組んだ国家犯罪事件というべきものであって、冤罪にはこうした一般の国民の思考をこえて意図された種類の事件もあるということを示している。

2

冤罪事件との闘いが容易ではないのは、濡れ衣の犯罪との闘争という以上に、いずれの場合にも国家との闘争を強いられるからである。しかもその最終的な判定者は、国家の側にいる裁判官である。これは冤罪被告人とされた市民にとっては司法制度にかかわる本質的な矛盾である。この矛盾をどう解くか。冤罪事件を突き崩す難しさは、ここにある。ましてそれが国家の治安政策に発する意図された冤罪の場合、この困難は倍加する。なぜなら、通常、表裏一体である国家と司法は、ここではさらに国策治安政策と司法政策が緊密化して冤罪を覆い隠そうとする力を働かせるからである。

本質が国家犯罪であるこの意図された冤罪と闘うのは容易ではないが、しかし冤罪被害者はその犯罪を作り出す国家と闘うことによってしか道を開くことができない。国家と司法における民主主義を前進させるためには、そうした困難な闘いを積み重ねるしかないのである。

その闘いのためには三つの課題が提起される。一つは言うまでもなく個別の冤罪事件にたいする法廷闘争を中心とする理論的な闘いである。この闘いは冤罪反撃闘争のフロントを形成する。この最前線の理論闘争なくして、国民的な大衆運動としての裁判闘争を成立させることはできない。ここで一番問われるのは弁護人の「理論」であるから、その強化のための弁護人の選定や弁護団編成が重要な課題となる。かつての「松川裁判」においては、国民的な支援運動に支えられて大弁護団が果たした役割が大きかったが、この教訓は今日の闘争においても再確認されなければばならない。また、広津和郎氏らがはたしたような言論活動の促進もきわめて重要である。

この場合、冤罪被害者が支援組織を持たない単独の個人であるときの闘いの困難が明らかになることにも留意しなければならない。相当額の弁護料を継続的に負担してすぐれた弁護人態勢を維持できる一般の個人的な冤罪被害者は少ないし、個人の立場から多くの支援者を組織するのも容易ではないからである。このため、冤罪被害者にたいする市民の自覚的な支援運動が不可欠となる。いわば、この冤罪被害者支援運動は現代における重要な人権擁護闘争の中心的な課題の一つである。

冤罪をはらす裁判闘争においては、独自日本的な困難もあることも認識しなければならない。日本の裁判には、事件にたいして国民参加のもとに理論を闘わせる場となる陪審員制度がないからである。政府が裁判への国民参加という美名のもとに、陪審員制度の復活ではなく裁判員制度を導入したのは、わけがあった。

日本の司法の歴史を繙けば、一九二八（昭和三）年から一九四三（昭和十八）年までの十五年間、陪審員制度が実施され、共産党にたいする大弾圧〔三・一五事件〕や労農党の結社禁止からガダルカナル島の敗戦にいたる暗黒の十五年間においてすら、治安維持法下の陪審事件の一八パーセント〔現在の〇・二パーセントの無罪率と比較せよ〕を無罪にするという大きな民主的実績を残したのである。現在の司法制度の改革を考えて真に国民参加を求めるなら、この陪審制度の復活こそ検討すべきであった。

私の青春時代、シドニー・ルメット監督、ヘンリー・フォンダ主演の『十二人の怒れる男』というアメリカ映画が上映されたが、その感動は陪審員となった普通の市民たちが冤罪をはらす理論を求め合ったことへの感動であった。アメリカ憲法は、修正第五条で「人はすべて、大陪審による告発、または起訴がないかぎり、死刑に値する罪、あるいはその他の重罪に問われることはない」と定めていて、政府が敵対者（批判者）を恣意的に起訴するのを防ぐ条文を持っているが、日本国憲法にはこの政府の敵対者（批判者）排除を牽制し防止するような条項はない。このことは彼ら司法警察や検察の権力行使にたいする国民的なチェック機能を鈍らせることにつながり、一般刑事事件にたいする司法当局の権力行使にも大きな影響を与えているのである。つまり、日本の裁判における「理論闘争」は、検察官と弁護人の間で行われることになり、政府から独立しているはずの裁判官がその国家の立場を共有して検察官の起訴を認める裁定をして終わりとなることが通常のパターンとなっている。これが冤罪事件を数多く生み出す構造となっているのである。このため、最高検察庁ですら、冤罪の多発を気にかけざるを得ない事態となって、今年の八月には冤罪防止のためと称して、「捜査・公判活動の問題点等について」

という報告書を出さざるを得なかった。しかし、そこでも冤罪防止のための抜本的な解明は何らなされていない。

3

冤罪との闘いに不可欠な二つ目の課題は、理論闘争だけでは冤罪を突き崩すことは困難であるという問題にかかわる。では具体的に何が必要かといえば、冤罪を生み出す司法にたいする国民的な批判運動を作り出すことである。冤罪事件の真実を知らせる活動を展開し、広範な国民の眼を裁判に向けるようにはたらきかけることである。

冤罪を生み出す司法当局、なかんずく警察と検察については、捜査・起訴段階における自白強要の問題がその根源にあることがさまざま指摘されてきた。強要されて作られるウソの「自白」こそが冤罪を作り出す元凶だという問題である。憲法は、「何人も、自己に不利益な供述を強要されない」（第三十八条第一項）、「強制、拷問若しくは脅迫による自白又は不当に長く抑留若しくは拘禁された後の自白は、これを証拠とすることができない」（同条第二項）、さらに「何人も、自己に不利益な唯一の証拠が本人の自白である場合には、有罪とされ、又は刑罰を科せられない」（同条第三項）ときわめて明快に定めている。

ところが、実際の取り調べの密室においては、この憲法条項とまったく逆のことが行われている。つまり、警察は暴力的な捜査を行い、検察は容疑者を長期に勾留する拷問的な密室捜査をくり返し、裁判所もまた自白証拠の信用性を認めて有罪判決を出しているという現実がある。実際のところ、彼ら司法公務員は、憲法や法理論からは容易に学ぼうとせず、法の正義よりも犯人探しを優先し、自らの職業的な経験と恣意的な強権的・暴力的手法によって、「無理が通れば道理が引っ込む」式の捜査・取り調べを強行してきた。まさに「自白」依存体質を地で行く反人権的、非科学的な手法である。この手法こそ、冤罪を作り出してきた元凶であった。そして裁判所もまた憲法よりも検察の言い分を優先させ、有罪率九九・八パーセントというヒトラーやスターリンの司法も愕然とするような日本的司法を展開してきたのである。

この意味で、冤罪は理論だけでは崩せないという声が起こるのは当然である。そこで提起されるのが国民運動としての冤罪防止・冤罪被害者救援の運動である。これは単に個々の冤罪事件だけに眼を向けるというのではなく、その冤罪を生み出している司法行政と司法官僚への批判を視野に入れた運動であることが不可欠である。取りわけ、冤罪といっても、ＪＲ浦和電車区の労働者を被告とした「強要罪」事件や外務省主任分析官・佐藤優さんの「背任罪」や「偽計業務妨害罪」事件のように、「国策捜査」といわれるものによって作り出された冤罪事件の場合、その批判は司法当局を動かして「国策捜査」を発動させている政府主導の国家権力そのものへと向けて進展させることが重要となる。その種の「国策司法」を崩すためには、「政治の仇を司法で取る」式の強権的な国政を孤立させるための多数の批判的国民の形成が必要だからである。その道への到達はたしかに遠いとしても、その遠い道を歩むための冤罪反撃の弁護闘争、冤罪被害者支援・救済運動を組織していかなければならない。それこそが人権と民主主義を守るための現在の最前線の運動なのである。この闘いの積み重ねこそが肝腎である。

この点では、冤罪被害者である被告人自身とその共闘者・支援者の取り組みがきわめて重要である。「松川事件」などの歴史的な冤罪事件への取り組みに学ぶと同時に、現実に進行している冤罪事件にかかわる支援運動との連帯をすすめ、冤罪をなくす国民的運動を発展させていくことが必要である。一つ一つの冤罪被害者支援運動は小さくとも、その細流を集めれば大河の運動となる可能性を秘めている。それほど冤罪事件は多いのだ。オウム真理教・麻原彰晃の主任弁護人であった安田好弘弁護士(注1)は、「救うことができなかった」冤罪事件について書いているが（『「生きる」という権利――麻原彰晃主任弁護人の手記』講談社）、そのうちの「宮代事件」（一九八〇年に埼玉県宮代町で起こった殺人・放火事件で、犯人とされた村松誠一郎さんと弟の裕次郎さんはそれぞれ死刑と無期懲役に処せられた〕、「北海道連続婦女暴行事件」〔一九七〇年代におこった二つの婦女暴行殺人事件と一つの婦女暴行事件で、犯人とされた晴山廣元さんは死刑となり、再審請求中に獄死した〕などは、国民的な記憶には残ることもなく冤罪が完成させられてしまった事件である。

この三人の冤罪被害者が語る二つの事件は、国民の眼から隠されて闇から闇へ葬られてしまった冤罪事件がいかに多いかを暗示している。安田弁護士は、「日本の裁判では、『疑わしきは被告人の利益に』ではなく、『疑わしきは被告人の不利益に』という原則がまかり通っている。ひとたび疑われて起訴されてしまったなら、自分が無実であることを証明しない限り有罪にされてしまう」と述べているが、冤罪の恐ろしさはまさにこの「疑い」だけをもって、無実の人が自己の無実の証明を警察や検察によって妨げられて有罪にされてしまうところにある。国民的な恐怖政治の実態が司法の場において演じられてしまうのである。先に触れた氷見市のタクシー運転手・柳原浩さんの冤罪のケースは、まさにこの典型であった。それだけに、たった一人の冤罪被害者であっても、その被害を防止したり救済するためにも、可能な限りの国民的な力を結集して闘うことが必要であり、その結集なくして彼ら司法官僚というニセの「法の番人」を裁くことはできないのである。

4

三つ目の問題は、冤罪を防止し、あるいは救済するための刑訴法と司法制度改革の問題である。そのもっとも深刻な問題に、被告人の勾留問題がある。裁判の判決前に実質的な禁固刑に処せられるに等しい四百十二日〔先の佐藤優さんの場合〕も勾留されてしまうという問題である。「JR浦和電車区事件」被告七人の場合には、三百四十四日も勾留されてしまうという不当きわまりない事実があった。「人質司法」といわれるこの実態は、刑訴法の勾留条項についての早急な改正を必要としている。また、この法問題については、冤罪被害者の再審請求にたいする手続き緩和の改正が是非とも必要である。針の穴をくぐるほど難しいといわれる現行規定は、何のための再審制度かという根本の問題にかかわるものであるから、裁判の無謬という空疎な司法観念を改め、現実に数多く存在する冤罪被害者の救済に役立つ法制度としなければならない。

また、冤罪事件の温床といわれる代用監獄、つまり警察署のブタバコ〔留置場〕を代用監獄として使用するのを廃止することである。日弁連は二十世紀中に代用監獄を廃止するとして、十五年ほど前に「代用監獄廃止を実現するための拘置所増設プラン」を発表したが、すでに二十一世紀となって七年も経つ現在、廃止はおろか拘置所の増設プランも実現していない。法務省も、捜査・取り調べや身柄の拘禁にたいする警察・検察側の便益や効率だけを考えて、代用監獄廃止の意思はカケラも示していない。そればかりか、「警察拘禁二法案」に象徴されるように、さらに代用監獄を制度化して強化しようとさえしているのである。

無法な捜査や取り調べを防止するために被疑者と警察・検察との密室でのやり取りをビデオ録画などによって可視化するという問題もさまざま論じられてきているが、こうした制度改革についても、国側の認識は容易に進展しなかった。最近は検察庁も一部の機関における取り調べについて試行的に録画・録音を行っているが、折角それを行っても、部分的なものに終わったり、あるいは改竄して出されたりするものもあるから、真の効果をあげていない。しかし幸いなことに、この問題については参議院で多数派となった民主党が刑訴法の改正法案を提出して録音・録画など可視化の実現に取り組んでいるから、その法改正が実現すれば警察や検察の非憲法的な自白依存の取り調べにたいするブレーキ役を果たす一助となろう。

そして問題は、司法官僚たちをめぐる民主化の問題である。一九七〇年代のはじめに、最高裁が青法協(注2)所属の裁判官を抑圧して再任を認めない方針を出して以来、裁判所・裁判官の民主化は大きく後退して司法界全体にも大きな影響を与えたが、この影響は現在にまで尾を引いている。

裁判所・裁判官の世界では、人事権を持つエリート官僚裁判官が主導権を握り、人事や処遇をめぐる裁量権によって憲法で保障された裁判官の独立性をさまざま抑圧してきた。現在では、有罪の判決を出さないと裁判官の評価は低くなるばかりか、刑事裁判からは排除されてしまうと言われるほどである。裁判所に自治的な権限を保障するために設けられ、その司法行政の主体となるはずの裁判官会議も有名無実化しているといわれている。これでは、裁判官に保障されている「自由心証主義」は職業的な成績主義と堕して、裁判そのものを歪めてしまうことになりかねないし、冤罪の最後のブレーキ役としての審判者の責務をはたすこともできない。

冤罪事件の二大構成要素とすらいえる警察と検察の場合は、民主化という問題はさらに深刻である。何よりも問題なことは、彼らには民主化への動機付けが与えられていないことである。それればかりか、検挙率や起訴にかかわる実績主義によって民主化に逆行する抑圧的で国民監視的な司法行政がすすめられるなかにあって、ますます刑罰主義や職務上の成績主義へと押し流される度合がつよまっている。このため、警官は犯人探しのためには手段を選ばない捜査へ駆り立てられ、検察もまたその上級捜査官というレベルでの犯人特定の取り調べにのめり込まされてしまう傾向を示している。これでは法の正義にのっとって人権と民主主義を擁護する検察官も警察官も生まれない。

まだ西ドイツといわれていた時代のボンで経験したことであるが、検事や警官が労働組合を作って活動していることを知り、新鮮な印象を受けた記憶がある。日本の警官や検事にも、そうした労働基本権を与え、彼らが市民的自由を経験できるようにするのも、その民主化には重要なことである。急がば回れで、彼らを含めた民主主義の前進こそ、冤罪防止の近道ともいえるのである。

こうしてみると、冤罪との闘いは実に多面的であり、多くの課題を持っていることが分かる。要は現に直面しているその一つひとつの冤罪事件との闘いにおいて、これらを相互に結びつけ、冤罪の打破と司法の民主化とは不可分な関係にあることを認識して運動に取り組むことであろう。この運動の国民的な広がりなくして、冤罪を突き崩すことはできない。冤罪は窮極のところ国家権力の問題であって、それを糺すことができるのはその主権者である国民以外には存在しないのである。その国民が立ち上がらないなら、冤罪の被害を受けるのはその国民自身である。

（注1）安田好弘（一九四七年生）兵庫県出身の弁護士。オウム真理教教祖・麻原彰晃の主任弁護人を務めたほか、「宮代町母子殺害事件」「北海道連続婦女殺人事件」など冤罪の疑い

が濃厚な事件の弁護人を務めた。一九九八年には、自分が顧問弁護士をしていたスンーズエンタープライズ東京リミティッドという不動産会社の経営にかかわる事件で「強制執行妨害容疑」で逮捕されたこともある。これは警察・検察が彼の弁護士資格の剥奪を狙って仕掛けた冤罪事件であった（二〇〇三年十二月、東京地裁で無罪確定）。

（注2）青年法律家協会のこと。この協会は若い法律家たちが研究と交流のために結成したものであったが、当時の石田和外最高裁長官はその脱会の指導方針を立てて強行した。協会会員だった宮本康昭裁判官の再任拒否は、そのシンボル的な懲罰人事であった。

（『エマージェンシー』二〇〇七年十二月五日「第六〇号」に掲載）

第三章

小説のなかの冤罪

小説『警官の血』をめぐって

1

これは、佐々木譲という「警察もの」を得意としている作家の作品です。二〇〇七年下半期の直木賞の候補にも上がった作品であり、ベストセラー第一位という触れ込みですが、私はこの手の作品をあまり沢山読んでいる方じゃないのです。この作品については出版社の社長でもあり、ノン・フィクション・ライターでもある川上徹さんのすすめによって読みました。実はその時、川上さんはこの作品の一つの山として描かれている日本赤軍派の大菩薩峠における軍事訓練に実際に参加した知人についてのエピソードについて語ったのですが、この話は「事実は小説より奇なり」で、この『警官の血』よりもはるかに衝撃的であり興味深いものでした。したがって、このエピソードについてもここで語ればいいのかもしれませんが、作品とは直接関係ないことを話して横路にそれてしまうのもどうかと思いますので、ここではこれ以上触れないことにします。

さて、この『警官の血』ですが、エンターテインメントの作品としてはなかなかよく出来た作品だと思いました。どこがよく出来ているかといえば、警察というものの権力構造が小説世界のなかでよく捉えられているということです。つまり、警官という職業人としての人間像のなかに、その権力関係の問題が無理なく造形されているわけです。もっとも、こうした感想を抱いたことには、この作品を読んだのが二〇〇八年の一月二十六日だったということが関係しているかもしれません。といいますのは、その前々日の二十四日、警察庁は冤罪を防止すると称して、「警察捜査における取り調べ適正化指針」なるものを発表していたからです。

この「指針」は、同日の夕刊各紙が一面トップで大々的に報じましたので、みなさんのご記憶にもあるかと思います。警察庁がまとめた警察捜査の問題点については、「富山事件」と「志布志事件」の例があげられております。「富山事件」については、冤罪被害者が誤判〔あやまれる裁判〕によって懲役刑を科せられ、服役したあとに真犯人があらわれるという典型的な冤罪事件でしたが、これについては二〇〇七年一月にその再審裁判において、柳原浩さんという方が晴れて無罪判決を得たときに大きく報じられましたから、みなさん方もご記憶があると思います。二〇〇二年に富山県氷見市で起きた強姦事件などで無実の柳原さんを犯人に仕立て上げた警察と、それを鵜呑みにして起訴した検察、またその起訴へのプロセスを精査しないで、流れ作業的に懲役三年の実刑判決をした裁判のあとに、真犯人があらわれたという事件です。

もう一つの「志布志事件」というのは、二〇〇三年の鹿児島県議選での公職選挙法違反として摘発された事件ですが、この事件により同県議選で当選した中山信一さんら十五人が逮捕され、そのうち十三人が起訴されました。しかし、この事件は公判前から鹿児島県警の捜査がきわめて異常だということがさまざま報じられていましたから、鹿児島地裁も起訴内容を精査したのでしょう、二〇〇七年二月に被告人全員が無罪という判決を出しました。このため、地元紙はもとより全国紙が大きく報道し、警察や検察とはそんなにひどいことをするのかという批判が高まりましたから、警察庁としても座視できなかったということが、今度の「指針」につながったと思います。この事件に関することでは、被疑者に「踏み絵」ならぬ「踏み字」を強要して肉親への情を捜査に逆用した犯罪行為の当事者として鹿児島県警の浜田隆広という元警部補が懲役十か月の求刑をされたということもありましたが、このことは警官自身が取りも直さず犯罪行為をしていたということを意味します。

つまり、こうした不正常な警察行為が「富山事件」と「志布志事件」に顕著に見られたというところから、警察庁はそうした捜査のあり方を改めると称して、この「指針」なるものを出したわけです。これら冤罪事件にたいする国民的な批判にこたえて、これからは冤罪防止につとめるというわけです。このため、いくつかの対策が示され、捜査技術的なことや監視制度などについての小手先の改善策は講じられておりますが、その現実の捜査にかかわる警察制度の根本のところが何も変わっていないので、私は実効性はほとんどないのではないかと考えています。日弁連の「取り調べ可視化実現本部」の田中敏夫弁護士も、警察庁が打ち出した監視制度について、「同じ警察の組織による監視に過ぎず、冤罪防止のチェック機能が働くかどうか疑問だ」と指摘しています。

私にいわせれば、「富山事件」や「志布志事件」に見られた捜査員の態度は、「異常なもの」ではなく、むしろ全国どこの警察でもやっている「常態化したもの」であって、二つの事件はその氷山の一角にしか過ぎないと思っております。したがって、今度の「指針」ではその警察捜査の根本のところは何も変わらないと思うのです。なぜかといいますと、今度の「指針」は、警察という組織が持っている治安思想、その犯罪捜査にかかわる法治的な精神そのものにかかわる事柄に何のメスも加えていないからです。その根本が剔られないのはなぜかということについての一つの解答が、この『警官の血』のなかに描かれています。警察庁の一片の「指針」よりも、一人の作家の小説の方が警察世界の真実をより多く語っているということで、この小説が大変興味深い作品となっています。

それはどういうことかといいますと、「公安がらみ」ということによって事件そのものが歪められてしまうという実態がさまざま描かれているということです。公安がからむと、犯罪事件であっても見逃されたり、あるいは犯罪事件でないのに犯罪事件とされたりしてしまうということです。つまり、そうしてしまうところに、警察の治安思想と捜査精神の本質があるということなのです。それは「法の精神」にもとづいてということではなく、「上からの指示」ということで現に貫徹されているものです。警察という官僚組織において、「上」とは権力という意味です。そして権力というものの窮極の意味は「恣意」であり、「勝手」ということですから、警察権力はしばしばその能力を発揮して勝手な振る舞いをするわけですが、それがもっともやりやすいのが公安と呼ばれる政治部門の事件なのです。なぜやりやすいのかといえば、その政治の世界においては、「上」はより明快に階層化されておりますから、その階層化されたなかでより大きな権力に奉仕するために力を尽くすことができるからです。下級の権力にとって、より大きな権力、最高の権力に奉仕することほど自由なことはないからです。市民に奉仕することは難しいが、権力に奉仕することは易しいのです。

そうした関係について、この『警官の血』は、親・子・孫という三代にわたる戦後警官の姿をとおして、その時代時代を彩る「血の嘆き」を語っています。まだ敗戦の傷跡があからさまで、繁華な都市の街角には傷痍軍人姿のアコーディオン奏者が立っていた昭和二十年代に警官となった安城清二から、文字通り最早戦後ではなくなって高度経済を謳歌していた昭和四十年代に警官となった息子の安城民雄、そして「失われた十年」という没落がはじまる平成年代に警官となった孫の安城和也という三代にわたる警官一家の物語として構成されているわけです。その物語を貫く一本の赤い糸が、いわば、日本の警察の宿命的伝統とされてきた「公安体質」といわれるものの所産である「暗部」において流されるその「警官の血」であるわけです。

2

この小説の内容について、あらすじを紹介しておきましょう。まず初代の安城清二ですが、彼は闇市や浮浪者の存在で有名だった上野界隈の交番勤務となります。そこで、オカマの少年と国労組合員の美少年が殺されるという二つの殺人事件に遭遇します。殺人事件の捜査は本署の刑事が担当する事件で、交番勤務の警官の仕事ではないのですが、地域の事情に詳しい交番勤務の警官として、彼はこの二つの殺人事件に興味を持ちます。調べていくうちに事件の周辺に公安刑事らしい影を見るようになります。公安がからむというのは、殺された国労の若い組合員が共産党らしき組織と関係があり、その局面から事件に迫っているということを意味します。しかし、安城清二は公安的な事件というよりも、性的な関係のもつれによる殺人事件ではないかという疑いから聞き込みをしていると、ある日、交番の近くの五重塔が火災にあい、そのどさくさのなかで殺人事件とかかわるような男を見出して追及して行くと、不審な男が逃げた橋から自分が転落して死んでしまう。この関係は最後に種明かしされることになっていて、全体の物語の大きな伏線とされる構成となっています。

父を失った息子の民雄は父の同期の警官たちの援助を得て高校を出ると、自分も警官となる道を選びます。ところが、成績が優秀だったために、警視庁公安部から指名されて北海道大学の学生となり、当時の過激派学生のスパイ役をつとめるようになる。つまり、香港映画のアクション・ドラマにしばしばヒーローとして登場する「潜入捜査員」となるわけです。当時は、昭和四十二年十月に佐藤栄作首相の東南アジア訪問反対で三派全学連が羽田で警官隊と衝突するという「第一次羽田事件」が起き、その一月あとには佐藤首相の訪米反対で再び全学連が警官隊と小競り合いを演じるという「第二次羽田事件」が起こるなどして、治安当局は過激派学生たちの動向を注目していました。とくに北海道大学は唐牛健太郎という全学連委員長を出すなどしていたところから、過激な学生運動の拠点校の一つと見られていました。

その北大に、民雄は警視庁公安部からの学費や生活費などの金銭的な支援と、合格に必要な家庭教師などの受験にかかわる支援を得て送り込まれ、露文科に属しながら、うまくブント

〔共産主義者同盟〕の一味とおぼしき学生たちに接近し、そのなかの日本赤軍派に所属していると思われる学生と親しくなります。その宮野という学生には恋人もいたのですが、その恋人も民雄が宮野の同志的サポーター役となることを期待するという関係になって、彼らの組織にうまく潜入します。赤軍派の方も、まだ旗揚げしたばかりで、一人でも多く同調者を集めることに懸命でしたから、民雄という「潜入捜査員」をあっさり受け入れてしまうわけです。

こうして、民雄は赤軍派の軍事訓練参加者の一員として潜り込むことに成功します。ここから が、史実である例の赤軍派の大菩薩峠での集団逮捕事件へとつながる物語となります。冒頭に紹介した川上徹さんの話に出る知人の軍事訓練参加者は、この『警官の血』に描かれた大菩薩峠のところは読み進めることができなかったといいますから、その史実との関係でもリアルに描かれているといえるのでしょう。いずれにしろ、民雄はスパイとしてその軍事訓練に参加し、その学生の数や携行してきた武器の状況について登山客を通じて警察に知らせ、軍事訓練二日目の早朝には、学生たちが宿泊していた「花ちゃん山荘」を機動隊によって包囲させ、一網打尽にしてしまいます。

革命ゴッコをしていたに等しい赤軍派と公安によるプロの弾圧部隊が対峙した一幕物は、こうしてあっけなく終わってしまいます。しかし、民雄にとって真の問題がはじまるのは、この後です。彼は公安から送り込まれた「潜入捜査員」としての任務を成功裏にすすめながらも、そのスパイという、身元がわかれば殺される危険もある任務のストレスから神経症を患うようになり、任務に耐え得なくなります。神経科の治療を余儀なくされるようにもなって、北海道を引き上げます。ここのくだりも民雄の物語としては書かれないで、最後の種明かしのところで語られる仕組みとなっています。このあたりが、専門的な文学論の立場からいえば、この『警官の血』が当の民雄を露文科の学生として位置づけながらも、その露文作家の雄であるドストエフスキーの小説などとは本質的に違うところです。

いずれにしろ、神経症を病んだ民雄は、医者からは公安だの外事だのというストレスのかかる職場は無理だといわれ、彼自身も父のような交番勤務に変わりたいという希望を持つようになります。そして治療を続けながら職場復帰をめざし、やがて、警察署の幹部となっている父の同期生のはからいで、交番勤務の警官として再出発します。公安警察によって大学教育までさせてもらった特異なエリート公安警官から交番勤務の警官になることは、警察組織のなかでは文字通りの没落を意味しますが、その没落の意味は病気を通してしか語られない構成になっています。これも最後の種明かしのところで語ることになるもう一つの重大な真実というスリラー小説的な手法と関係しています。

しかし、こうした条件のなかでのことですが、民雄の描く警官像にはある種の理念がこめられています。つまり、本来の警官とは、市民生活の近くにあって市民に奉仕し、奉仕することによって民主的な役割を果たすことができるという理念です。それが交番勤務の警官だという認識です。みなさんもご記憶だと思いますが、昨年（二〇〇七年）二月に東京板橋の鉄道踏切で女性を助けようとして電車に跳ねられて死亡した宮本という五十代の警官がおりました。自ら交番勤務の道を選び、周辺の市民のために親切に尽くし、「宮本さん」と親しく呼ばれていたという評判の警官です。民雄が理想とするのは、交番勤務の警官であった父清二への思いを通して幻想されるこうした交番勤務の警官だというわけです。さきに触れた警察庁の冤罪防止の「指針」は、現在の警官たちがいかにこうした理念から遠く隔たってしまっているかを如実に示したともいえるわけですから、この民雄の思いにはそれなりの意味があります。

明治以来、市民的にいびつな近代国家――それは民権に薄く、国権偏重の国家ともいうことができます――の道を歩んできた日本の警察では、こうした市民的な奉仕の理念は横に押しやられ、治安警察こそ高等警察であり――戦前には特高警察という制度がありました――、地域で市民生活に奉仕する警官は「巡査」にすぎないという価値観が作られてきました。日本の警察制度を歪めてきたのは、まさにこうした逆立ちした価値意識でしたが、その価値観が冤罪をも国策とするような治安警察制度を作り上げてきたのです。今度の警察庁の「指針」などは、文字通りそうした歪んだ警官制度が生み出してきたツケ払いでもあるのです。この意味で、交番警官によって職業人としての再生をねがった民雄の生き方はまっとうなものでした。

ところが、交番勤務になってから、民雄は勤務中に橋からの転落死を遂げた父の「汚名」とされたものが気になり、父の同期生などの話を聞いたり、関係の資料にあたったりしているうちに、父の転落死に疑問を持つようになります。「警官の血」を公安につなげようとした当局とは逆に、その「血」を家族の絆の回復による汚名の返上に向かわせたといえます。そして民雄は写真家から提供された五重塔の火災のときの一枚の情景写真を見て、そこに自分たち子どもの姿と同時にいるはずのない警官が映っているのを見つけました。その警官によって父の死の謎が解けるかもしれないと考えた民雄は彼に会いに行きますが、その経緯は語られてはいません。これもまた最後の種明かしのところまで伏せられることになります。

しかし、その後の民雄は、かつての公安係時代の神経症を再発させたかのような生活態度に陥り、危険を恐れない激発的な行動を取るようになりました。その結果、暴力団員が女の子を人質にして立てこもった事件ではその現場に身代わり人質としての名乗りをあげて接近し、彼の凶弾に撃たれて死んでしまいます。

高校生だった息子の和也は、その父の弔いの時、かつての祖父の同期の元警官から「大学まで出たのになあ」という話を小耳に挟み、奇妙な気分になります。父が大学を出たことなど、家族は誰も知らなかったからです。労働組合の活動家だった叔父〈民雄の弟〉を問い詰めると、民雄は警察によって北大に送り込まれた潜入捜査員〈スパイ〉だったという秘密がわかります。この叔父は、兄民雄に代わって和也の大学の費用は出すが、その条件は「決して警官だけにはなるな」というものでした。ところが大学を卒業すると、和也はだれにも相談することなく警官の道を選んでしまいます。叔父にできたことは「公安だけには絶対になるな」と懇願することだけでした。

警官となった安城和也が指名されて就いたのは、公安ではなかったが、「警官の血」を見込まれたなかでの腕利き暴対警部の監視役でした。部下として勤めながらその上司を監視し、警務部の人事一課長に行状を報告するという、これまた一種のスパイ役です。加賀谷というその警部は、暴力団や闇金融業者などの裏社会に人脈を作り、その情報によって警察業務に大きな効果を上げていましたが、それだけに金使いも荒く、公的な捜査費ではとても賄いきれるものではありませんでした。一流ブランド品を身につけ、外車を乗り回して捜査に当たっている姿に危惧をもった人事一課が監視をつけたわけです。しかし、部下となった和也にしてみれば、恋人を一度紹介したばかりに、加賀谷警部にあっさり横取りされてしまう羽目にもなります。惜しげもなくブランド品を買い与える加賀谷に目の眩んだ恋人は、和也を見捨てて加賀谷の女になってしまったというわけです。

そうした矢先に、加賀谷は「首なし」〔所持者なしの銃砲回収〕を工作するための情報料として二千万円の借金を闇金融に頼む羽目になりますが、回収できたのはたった一挺の拳銃だけでした。これにあわてた加賀谷の様子に、「上」からの「首なし」要求が相当の数であると想像できましたが、その背後にいる「上」とはだれかを確認すると、警視庁や警察庁のキャリア組の幹部でした。それは人事課が加賀谷の私行を締め上げるには相当の容疑がないと出来ないことを意味しました。しかし、その機会が満たされる状況が間もなく訪れました。加賀谷が借金の損害を麻薬の取引によってカバーしようとしている様子が見えてきたからです。恋人を奪われた腹いせもあって、和也は加賀谷を厳しく監視し、彼がその「物」の品質確認を自分で試すことを口にしたのを聞き逃さず、その情報を人事一課長に伝え、人事一課が加賀谷の身柄を抑えることになりました。覚醒剤違反容疑です。この事実上の逮捕の時、加賀谷は和也が人事一課の回し者だということを覚りますが、その時、和也に「お前、自分の父親が模範警官だったと信じてないか」と謎のようなことを言います。

和也は加賀谷の件が落着すると、父民雄を死地に暴走させた写真をもとに、そこに写っていた元警官の早瀬勇三を介護施設に訪ねました。集めた資料をもとに早瀬を問い詰めるためです。この対決のなかで、和也は上野公園をうろついていた男娼殺しと、もう一人の男娼役であった国労組合員殺しの犯人が公安刑事の早瀬勇三であること、なおかつ祖父清二を橋から突き落としたのもまた祖父に追われていた早瀬だったという秘密を明らかにすることができました。しかし一方で、父民雄は北大スパイとなって、過激派逮捕のために働いたばかりか、赤軍派の学生が国外に去ったあと、その恋人の学生と肉体関係を結ぶまでの関係となった末に、彼女の妊娠を知らないまま北海道を離れてしまったこと、そのために後で生まれた子どもと彼女の二人が自殺することになったが、民雄がその自殺の原因者であると早瀬からバクロされる羽目になります。公安だった早瀬は、そうした父の行状を知っていたわけですが、早瀬はそのうえで民雄が暴力団員に撃たれたのも殉職などではなく、自分のかつての潜入捜査官時代の罪を自覚したうえでの「自殺だ」と断言したのでした。なぜ自殺なのかといえば、撃たれる前に早瀬を疑って会いにきた民雄が、逆に早瀬から北海道時代の潜入捜査員としての不適行為をバクロされる事態となり、そのショックから暴力団員の「立て籠もり事件」で暴走してしまったからだというわけです。

加賀谷が身柄の拘束時に、「お前、自分の父親が模範警官だったと信じてないか」と和也を嘲笑したのも、早瀬が知っているようなことを加賀谷も知っていたからでした。いずれにしろ、こうして家族初代の警官安城清二はホモの公安刑事に殺され、二代目の民雄は公安スパイとなり精神を冒されたうえに、関係した女子学生とその間に出来た子どもを死地に追いやるような非情の人生を送ることになったことが明らかになります。いわば、三代目の安城和也はその一族の悲劇を通して隠された警察の暗部の解明にようやく辿り着いたというわけですが、その三代目は最後に警察の暗部をあばくことよりも自己の捜査上の権利を守るためにその暗部の暴きを示唆することによって、その暴きによって不利益を蒙る警視庁高官を暗に脅して屈服させたのです。それが安城和也にとっては、白と黒の境目の上にあって黒の側に突き落とされないように市民の支持が得られる警官の道を歩もうという再確認の行為でした。

つまり、この警官三代記は、最後にきて正義の立場からそれても自己の職業的な利益を護る警官がある種のヒーローであるかのごとく描くことによって終わったのです。それを「市民の支持」というような警官の原則的な立場とつなげようとするなら、あるいは作者がそう考える警官をよしとして描いたとするなら、それは何らかのかたちで現実の真実を捉えるべき文学の認識としては拙い錯誤であるとしか言いようがありません。法律的な時効とはいえ、祖父を殺した警官の存在が判明したのに、その犯罪行為を明らかにしないで、その隠蔽を取引材料にするような警官が市民の支持を得られるはずもないからです。それは根本的なところで公務員としての倫理を放棄し、犯罪事件を隠蔽することによって和也自身が「黒」の立場に身を置くことであり、それまでの物語の展開においてさんざん非難してきた「権力の指示」を金科玉条としてきた古い「警官の血」の甦りでしかありません。新しい「警官の血」につながるようなものをそこから見出すことはできません。

大衆小説だから、その種のことはどうでもいってしまえばそれまでですが、山本周五郎や藤沢周平が心がけてきた文学創造を考えれば、より真実なかたちで人情と正義の風情を捉えることに大きな意味があったのであり、後継の大衆小説作家としての文学的成熟を願う立場からは何とも残念な気がします。

3

事実、リアルに警察の世界を見るなら、事は安城和也が夢想するほど単純ではないことも明らかです。何しろ、警察業務のなかで白と黒の境界線がどこにあるのかを見定めること自体、簡単なことではありません。世の中はデジタル化された白と黒に色分けされているわけではないからです。同じエンターテインメントの世界の話ですが、かつて松田優作という個性的な俳優が生きていたころ、その松田の演じるヤクザを追う日米の捜査官としてマイケル・ダグラスと高倉健が共演した『ブラック・レイン』という映画がありました。そのなかで「立派な警官」をめざす警官役の高倉がダグラスの演じる警官に金銭横領のことで説教し、警官は盗みと疑われるような灰色の行為をしてはならないというようなことを言ったのにたいして――後に明らかになる警官たちの共犯である「裏金」問題を考えたなら、日本の警官がアメリカの警官にたいしてその種のたいそうなお説教をすること自体がナンセンスですが――、ダグラス捜査官から「ニューヨークという街自体が巨大な灰色の都市なんだ」とからかわれる場面があります。安城の白黒の境界線という認識は、この本質を衝いたダグラス捜査官の認識とくらべると、はるかに幼稚で観念的なものにすぎないということがわかります。

もちろん、『警官の血』は警察制度の解明のために書かれた小説ではなく、読者を楽しませる警察小説にすぎないのですが、その警官像が警察庁の描く冤罪防止の「指針」よりもリアルな面を持っていたというのは、その小説世界に描かれた通俗的な警察認識の方がお役所認識よりも事の本質に迫っているからです。「指針」には、公安警察のことなど一言半句も出てきませんが、一般の警官は公安警察が合法・非合法の境界線——これこそ安城和也の言う白黒の境界よりはるかに明瞭に意識されているものです——を超えて、たえず非合法の領域に入り込むのをよく知っていますから、それを基準に考えると、刑事捜査の警官が容疑者や被疑者を脅かしたり、非合法なほど長時間拘束して調べたりするのはしごく当然なのだという意識になるのです。警察制度の「合法を装った非合法」行為の源泉は、この公安警察の国策的非合法というスタイルにあると断じても差し支えありません。

みなさんは、警察庁の「指針」が出る前日、防衛省の前次官守屋武昌が保釈になったというニュースが流れたのをご記憶でしょうか。防衛装備品納入にかかわる巨大汚職容疑で逮捕・起訴された人物ですが、彼の勾留はわずかに五十六日でした。この事実は、たとえばＪＲ東労組の労働者七人が労働組合運動を犯罪的な「強要行為」だとして逮捕・起訴されたときの三百四十四日や、あるいは冒頭に触れた川上社長の出版社から『国家を斬る』という本を出版した佐藤優さん〔外務省を刑事休職中〕の作られた事件による五百十一日の勾留とくらべてみると、いかに短いかがわかります。立川市でイラク派兵の反対ビラを自衛隊官舎に配布した市民グループの勾留期間七十五日よりもさらに短いのです。たかがビラ配布の行為と防衛省最高幹部の汚職という事の重大さの差異を考えただけでも、この勾留日の差が語ることは、ほとんど漫画的ともいえるほどの司法当局の対応です。しかも片や何百回にも及ぶ犯罪に犯罪を積み重ねて国政を揺るがすほどの大事件の被告となった人物の取り調べです。立川市民グループの人たちはもとより、ＪＲ東労組の組合員や佐藤さんの場合は、事件のないところに事件を作り出された冤罪事件の被告なのですが、この守屋の五十六日と彼らの三百四十四日・五百十一日の勾留日の差を見比べたら、警察をもふくめた司法制度の本質がどれほどの不法不当に彩られたものであるかがわかります。これほどあからさまに事の本質が語られている事例はないからです。

小説の話としてはいささか離れましたが、警察のことを考えるときには、こうした国家的司法の本質の問題を考えておかないと何も解けないということなのです。今度の「取り調べ指針」のようなものが百遍くりかえされても、だれが見ても明らかなこの勾留日の差が示す司法の歪みを糺すことなくして冤罪を防止できる警察とすることはできないでしょう。

ここに、「ポリス・デモクラシー」という問題が、時の政治権力とかかわって、実に厄介な問題であることの一端が示されています。この意味では、この警察という分野に希望を見出すということ自体が容易なことではありません。当時の権力を構成した民衆的なデモクラシーがソクラテスという哲学者を殺してしまったという問題が、その後の二千四百年というありあまるほどの時間によっても人類がまだ解決することができないでいる理由もここにあります。圧政を倒し民主主義を発展させるのだと宣言して革命をやったレーニンの政府も、思想警察を作って暴力を振るわせる事態を余儀なくされましたが、それから九十年、現代革命の歴史もまたこの権力的暴力の問題を解決することができずにおります。つまり、法や警察という問題は、革命とか民主主義というテーマによって解消できる問題ではないのです。

ではどのようなテーマによって超えることができるか。辛うじていえることは、人間そのものの変容・変形というテーマによって社会的共同の開かれたあり方を構築すること、つまりそうした共同的なものを権力によって私物化する手段としての警察の暴力を廃絶することができるうかどうかということです。これは理屈でいえば小難しいことですが、ある日、私が東京の街角に立っているときに目撃した光景によって説明すれば分かりやすいでしょう。それは信号のない街角を渡ろうとしていた白人女性が、傍らに立っていた警官を手招きして信号がわりに車を止めさせ、彼女を誘導させたという光景ですが、その時、わが警官は嬉しそうにその役割を果たしたのです。日本人やアジアの各地から来ている人々は、この白人女性のようにこの種の要求を警官にすることはしないし、なかなかできないのですが、そこには欧米の生活のレベルで培われた警察認識が関係します。つまり、日本人やアジア人とは異なる彼女たちの人間的な変容がもたらした結果がそうした行為を平然と取らせるという問題です。それはもちろん、彼女が日本人やアジア人よりすぐれた社会性を持っているとか、先進的な警察認識を持っているということを単純に意味するわけではありません。重要なのは、そうした人間的変容が警察の変容の基礎となるということなのです。それは単に革命による制度改革や民主主義の進展ということのみによって解決できることではないのです。

いま、日本では深刻な冤罪事件があちこちで起こっていることは、警察庁のさきの「指針」が認めている通りです。この実態は端的にいえば、「冤罪は国策である」ということの明白なあらわれなのですが、警察庁はそれは一部の捜査員たちの例外的な逸脱にもとづく過誤の結果であるかのように弁明しています。その捜査の逸脱と過誤をただすのが今回の「指針」だというわけです。「志布志事件」担当の「踏み字」強要者である浜田元警部補を起訴し、懲役十か月を科そうとしているのは、そのトカゲの尻尾斬りの典型的な事例です。「志布志事件」や「富山事件」にあらわれた無法は、どんなに過小評価しても、それらが警察組織の全体にかかわる事柄であることは明らかです。ですから、それらが国策治安による支配の綻びであることを意味しています。

ゆえに、彼らの対応がその国策治安の危機的状況をあらわしていることも疑いがありません。なにしろ、冤罪とは司法権力による人間の全面的な搾取の形態でもありますから、資本主義的な労働力の搾取の国家権力への移転としての窮極の搾取ともいうべきものであり、生存権の否定そのものです。私たちはそこに警察的暴力の否定的契機を見出すことができますし、また見出さなければなりません。そして、冤罪を生み出す警察権力の「恣意」と「勝手」から、その国民への「奉仕」と「責任」へと根本的な転換を実現させることをめざさなければなりません。

警察国家というべき現実がさまざまな分野で露骨化している現在、私たちは安城一家三代の「警官の血」のレベルに止まっていることはできません。「警官の血」が「国民の血」を凍らせることがないように、一人ひとりの市民自身と国民的な共同の目を光らせておくことが何より大切なのです。冤罪という事実が存在することは、戦前のような治安維持法がなくても、現在の刑事訴訟法を治安維持法に変えてしまうということができることを教えています。法律の条文よりも、この事実こそが肝腎なのです。この『警官の血』という小説は、新しい警官像の描出ということでは失敗しましたが、法をも歪めてしまう捜査から冤罪とその被害者が生みだされるという事実を描き出した小説として価値ある作品だといえます。

（二〇〇八年二月十一日の水戸市での「読書サークル」で語ったもの）

ジョン・グリシャム『無実』の世界

1

これは、リーガル・サスペンス・ノベルのすぐれた書き手であるジョン・グリシャムのノン・フィクション・ノベルの新作である。一九八〇年代初頭のオクラホマ州南東部の寂れた石油の町エイダで起こった二つの殺人事件の被告人たちの冤罪を、捜査と法廷闘争の事実にもとづいて探究した作品である。

作者のジョン・グリシャムは、まだ五十三歳になったばかりの売れっ子作家である。一九八九年のデビュー作『評決のとき』の出版では容易に版元が見つからず、いろいろ苦労もしたようであるが、その後は書くたびに評判をあげ、『ペリカン文書』、『法律事務所』などのベストセラー作品を生みだし、いまでは押しも押されもしない国際的作家となった。中心的な作品はほとんど映画化もされた。文学としても、それぞれの作品の質は高い。そして肝腎なのは、エンターテインメントの作品でありながら、それを単なる小説の面白さに解消しないで、アメリカの社会や司法制度の歪みまでも映し出す鏡としての真実性をも十分に表現しえていることである。日本では、こうした作家は松本清張の後にはあまり出ていないが、そのアメリカ的な存在がこのジョン・グリシャムだと考えれば、この文学的質の高さが判断できるだろう。

とくに、この『無実』で注目されたことは、それまでのフィクション・ノベルと違ってノン・フィクション・ノベルとしての実質をもって書かれていることである。つまり、発生した事件と、その後の捜査と裁判によって演じられた冤罪へのプロセスが、現実に起こった事実を再構成するかたちで描かれた。その現実に起こった犯罪事件とその後の司法の関係を事実に即して描く手法を取ったことによって、この作品はアメリカ社会のコミュニティを不安に突き落とす犯罪と、それを裁こうとした司法当局の側にある暗部を一種忠実に映し出すことに成功としたといえる。司法問題を扱ったノン・フィクションとしては、D・グレアム・バーネットの『ある陪審員の四日間』(二〇〇一年)以来の快作である。

作品の内容となる事件が起こったのは、アメリカ南部のバイブルベルトといわれるキリスト教信仰に厚い地方の中央にあるエイダという町である。石油の町といわれてきたが、いまではその地下資源は枯渇してしまって、郊外には錆びついた採油ポンプのある油井がたな晒しになっている。それでも、町の中心部はいまでもにぎやかで、シャッター通りは見当たらない。人口も一万六千人ほどあり、ダウンタウンのカフェは昼時になるといつも一杯である。町には学生数が四千もある大学があるほか、郡役所や郡裁判所もあるし、拘置所もある。また、ディスカウントストアや、郷土の誇りとしての競走馬クォーターホース産業もある。州最大の新聞である「ジ・オクラホマン」紙と張り合う地元紙「エイダ・イブニング・ニュース」という元気のいい日刊紙もある。

このため、エイダの町には他の町から学生や労働者や買い物客が集まってくる。拘置所があっても治安に問題はなく、住民たちは日中は家のドアを開け放している。住民がよそ者にも親切に話しかける人情の厚い町だ。子どもたちは、庭の芝生で元気よく遊ぶことができる。

そんな町で、一九八二年十二月に、デビー・カーターという若いウェイトレスが殺されるという事件が起こった。黒髪のスリムな美人で、まだ二十一歳の女性である。彼女は町はずれにあるナイトクラブ風の店でウェイトレスをしながら、アパートを借りて自立した生活をしていた。ところが十二月七日の深夜、デビーはそのアパートで何者かに殺害されてしまったのである。しかも、部屋がメチャクチャに荒らされ、デビーは血塗れのまま全裸で横たわっているという有様の悲惨な殺人事件である。

捜査には地元エイダ警察のベテラン刑事デニス・スミス警部があたった。オクラホマ州捜査局からはゲリー・ロジャーズ捜査官とジェリー・ピーターズ捜査官が加わった。彼らの意見は、犯行現場の著しい混乱の様子と死体の傷跡や打撲の様子から、犯人は二人以上いるというものだった。デビーの死因は絞殺によるものだった。また、彼女は強姦されていた。この事件はエイダの町を震撼させた。デビーのような若い女性が強姦されて殺されるというような事件は、これまでに起きたことがなかったのである。とくに、女の子を持つ親たちは心配になった。

警察は事件当夜にデビーと接触した疑いのある二十一人の男性の指紋や毛髪などを採取した。犯行現場からは多くのサンプルが届けられた。しかし、明白な証拠は見つからず、捜査は行き詰まった。事件から三か月ほどたって、警察は飲酒運転の有罪で出所したばかりの人物と、もう一人、彼の収監中の同房だった人物から事情聴取した。このなかから名前が出たのがロン・ウイリアムスンという人物だった。

彼は十八歳のときの一九七一年にオークランド・アスレチックスと五万ドルの契約を結んだこともある野球選手だった。その後、彼は1Aリーグで十分な成績が収められず、大リーグ界からは脱落したが、野球への夢を棄てきれない中途半端な生活を送っていた。この間、ロンは一九七三年に結婚したが、その翌年に肘をいためて、ボールが投げられなくなって、アスレチックスを解雇された。ロンは保険のセールスなどをしてはたらき、妻も病院ではたらいたが、その生活は長くつづかなかった。一九七六年には三年にも満たない結婚生活を解消した。その結果、ロンの酒量は増し、躁鬱病にかかり、精神科の病院に入院する羽目になった。しかし、真面目な入院生活をしないで、エイダの酒場で常連になるような生活を送るようになった。

デビー殺しがあった当時は、彼は母親と同居して、ギター弾きをしながら生活をしていた。一九五三年の生まれだったから、その事件のときにはまだ二十九歳だった。母は敬虔なキリスト教徒であり、父も誠実な家庭人だった。二人の姉がいた。ロンは一九八〇年にはじめて飲酒運転で逮捕・投獄されたことがあった。その翌年二月には、また飲酒運転によって逮捕され、その五か月後には公共の場での酩酊によって三たび逮捕された。そして、一九八二年九月三十日、ロンはまたしても飲酒運転で逮捕された。デビー殺害事件の起こる二か月ちょっと前のことだった。

2

エイダ警察は、結局、このロン・ウイリアムソンをデビー殺しの犯人容疑者として絞り込んでいった。警察の認識では犯人は最低でも二人というところから、もう一人の容疑者をデニス・フリッツという男に絞り込んだ。当時、デニスは妻を殺人によって奪われた後、エイダの借家で母の助けをかりて一人娘を育てながら、中学校の理科の教師をしていた。エイダの町の学校からノーブル郡の学校教師となり、バスケットボールの監督になってからは、デニスはキャンパス内のトレーラーハウスで寝泊まりし、週末にだけエイダにいる娘と母のもとに帰った。

そして一九八一年十一月、デニスはギターを通してエイダでロンと知り合いとなり、二人で呑みに行くようにもなった。しかし、デニスはロンのおかげで車を盗まれたり、さんざんな目にあったので、しばらく会わないでいると、翌年になって警察から出頭を要請され、デビーのことを聞かれるようになった。デニスはデビーには会ったこともないし、見たこともなかった。デニスが警察の容疑を否認すると、ウソ発見器のテストを受けるように求められ、不本意ながら受けることにした。緊張しないためにバリウムを飲んだせいか、大幅な「不合格」という結果となった。異議を申し立てると、二度目のテストを要求された。今度も「不合格」だった。その結果、スミス刑事とロジャーズ捜査官は、デニスをデビー殺しの容疑者として責め立てた。「ロンと二人でデビー宅に押し入ったろう」「いいかげんに白状しろ」

しかし、デニスは屈せずに頑張り、その日は三時間ほどで帰された。しかし、この日からデニスは警察の監視下におかれ、厳しい調査の対象とされた。その調査のなかで、警察はデニスが一九七三年にマリファナ栽培の廉で有罪判決を受けた事実を見つけた。警察がそれを勤務先の学校に知らせると、デニスはすぐに解雇された。

一方のロンの方は、警察の監視下にあった一九八三年に小切手の偽造と使用の罪で逮捕され、郡拘置所に収監された。それによって、ロンはウソ発見器のテストにかけられたが、ロンは殺人事件への関与を否定した。殺人現場から採取された指紋のうち、ロンとデニスのものと一致する指紋は一つもなかった。この二年の間の警察の成果といえば、デニスを解雇に追いやり、ロンを文書偽造の罪で三年の実刑判決に追い込んだことだけだった。ロンは実刑を受けて刑務所に移されると、精神障害の症状が顕著になった。観念妄想、非論理的思考、連合弛緩などの症状である。

学校教師を解雇されたデニスは老人ホームで働いたあと、工場労働者となった。警察はデニスを追及する何の証拠も入手できなかった。こうして、警察にとってはいたずらに時が過ぎていた一九八四年四月、エイダの町で、またしても若い女性が拉致されるという事件が起こった。拉致されたのは、コンビニでアルバイトをしていたデニース・ハラウェイという女子大生である。彼女は四月二十八日の午後八時三十分ごろに誘拐されるのが目撃されたが、そのあとの行方は発見されなかった。こうした場合、その被害者は殺されるのがお決まりだったから、警察は誘拐殺人事件として取り組んだ。しかし、容易に遺体が発見されなかった。十一月の感謝祭が過ぎ、さらに十二月のクリスマスが過ぎても、遺体は見つからなかった。

警察はデニースの遺体がまだ発見されていないのに、エイダ在住のトミー・ウォードという二十四歳の青年を逮捕した。トミーは外壁張りの労働者だったが、警察で八時間半も休みなしで責め立てられて頭が混乱し、カール・フォンテノットら三人と一緒にデニースを拉致し、レイプしたあと殺して排水路に棄てたというウソの自白をした。カールはその後、数時間のうちに共犯として逮捕された。カールは十六歳のときから一人暮らしをしてきた孤独な二十一歳の青年だった。

もう一人の共犯者というのは、オデル・ティッツワースという男だった。彼もまた間もなく逮捕された。彼はこれまでに四度の有罪判決を受けたことがあり、ふてぶてしく警察の尋問に抵抗した。そして、デニースの事件が起こる前に腕を骨折していたことを思い出し、その状況ではレイプしたり、遺体を運んだりする暴力は振るえないと述べ立てた。警察が調べると、腕の骨折は本当だった。しかも拘置所に入れられていたトミーとカールも、警察での自白は刑事の脅迫と甘言によって無理矢理させられたもので、無実だと主張していたから、警察の捜査は行き詰まった。デニースの遺体も依然として見つからないでいた。このため、二人目の女性が犠牲になったエイダの町は不安におののき、警察へのプレッシャーを増大させた。地区の検事も、予備審問の法廷を前にして、深刻な法律上の苦境に陥った。検事はデニースの死亡には信じるに足る証拠があるとして判事を説得したが、実際にはトミーらのウソの自白を記録した「自白ビデオ」しかなかった。それ以外の具体的な証拠は何も出せなかった。

デニースの遺体が見つからないまま、警察と検察は彼女の失踪の一年後に捜査を打ち切ってしまっていた。しかし、腕の骨折で容疑を解かざるをえなかったティッツワースを除いては、トミーもカールも釈放されなかった。それればかりか、九月には彼ら二人を被告とする裁判が開始された。検察は、陪審員に若い女性がレイプされ、ナイフで殺害された生々しい犯行現場を構成したビデオを見せ、彼らの憤慨を誘ったうえで評決に持ち込んだ。その結果、陪審員たちは二人に対し有罪と死刑の評決をした。こうして二人を死刑囚房へ送り込んだのである。

こうしたあと、一九八六年一月になってからようやくデニースの遺体が発見された。場所はエイダの町から四十五キロほど離れた森の奥である。死因はトミーがウソの自白で述べたようなナイフによるものではなく、頭部を銃弾で撃たれたものだった。これで、トミーとカールのウソの自白が晴れるはずだったが、そうはならなかった。それどころか、上訴中の一九八八年には、トミーは一旦は死刑の日時が決まったと刑務所長から伝えられさえした。

それでも、トミーとカールの有罪判決は、彼らの上訴を審理したオクラホマ州刑事上訴裁判所によってようやく破棄された。二人の自白のウソと、それぞれの自白への反論権が奪われていたことが、破棄の理由となったのだった。

3

一方、デビー・カーター殺人事件の方は、捜査は容易に進展しなかった。エイダの警察と地区の検察は、ロン・ウイリアムスンが犯人だと信じ込んでいたが、ロンは微罪を繰り返して拘置所暮らしをしているうちに精神病を悪化させていた。その二年の刑から釈放された一九八六年十月にも、病状は少しも改善されていなかった。二人の姉は、自分たちの小さな家を手放してロンを助けていたが、釈放後のロンは姉と同居できる状態ではなかった。矯正局は、ロンの釈放にあたってソーシャルワーカーを紹介したが、ロンはその治療の指示に従わず、すぐに薬の服用を止めてしまった。彼は姉の家では大暴れをする始末であり、医師は妄想性障害が進行して現実との接点が失われ、衣食住の自己管理もできない状態だとして、彼の長期の入院を勧めた。しかし、姉たちにはその治療の手だては見つからなかった。

ロンはこのあと、水道もキッチンもない小さな部屋を借りて一人で住むことになったが、しばらくすると周囲の住民からロンが附近を徘徊して心配だという苦情が警察に寄せられるようになった。しかし、ロンをデビー殺しの犯人と睨んでいた警察も、具体的な証拠が見つからず、手を打つことができなかった。一九八七年の春まで、そうした膠着状態がつづいた。オクラホマ州捜査局の検事は、この状況を何とか打開しようとしていた。首席検事のピータースンは、そこで事件を洗い直すため、埋葬されて五年にもなるデビーの遺体を掘り起こし、もう一度その指紋を採取することにした。その結果、デビーが殺されていた部屋の壁の石膏ボードについていた血の指紋は未知の殺人者のものではなく、デビー自身のものだということが判明した。

それまでは、それが犯人のものと信じられ、その指紋とロンやデニスの指紋が一致しなかったために、ロンとデニス追及の障害となっていたのだったが、それが被害者のデビーのものだということになれば、ロンやデニスへの障害はなくなることになる。首席検事はそう考えて、ロンとデニスの逮捕状を取った。

その結果、ロンは第一級謀殺の容疑で一九八七年五月八日に逮捕され、デニスもまた同じ容疑で同じ日に逮捕された。二人はデビー・カーターの事件については否認した。「何も知らない。自供するようなことは何もない」

ロンは裁判所でも、「おれはやっていない。こんな裁判にはうんざりだ」とわめき散らして否認した。ミラー判事はロンの発言を止めさせようとしたが、ロンは「起訴を取り下げてくれ」「こんな馬鹿らしいことはごめんだ」と叫んだ。一方のデニスは、エイダではなく、カンザスシティの独房に押し込められていた。他人に暴力を振るったことが一度もなかったデニスは、「殺人」という容疑が自分のことながら滑稽に思われた。それでも「有罪が証明されるまでは無罪と推定されるのだろうか、それとも無罪が証明されるまでは有罪のままなのだろうか」ということでは不安になった。

デニスはその後、ロンの監房の近くに移され、警察が送り込んだスパイの女囚によって、デビー殺しの夜について、デビーがベッドにいたのかそれとも床にいたのかという話をしていて、デニスが「床だった」と答える話を聞いたと警察に伝えた。検察はその話をすぐに信じた。デニスはまたジェイムズ・ハージョンという、これまた警察が送り込んだ先住民の受刑者によってデビー殺人の話を聞いたというウソの証言を申し立てられた。こうして公判は一九八八年四月まで続いた。そしてその四月十一日、オクラホマ州ポントトック郡地区裁判所は、ピータースン首席検事の「デニス・フリッツ、おまえがロンとふたりでデビー・カーターにしたことは死刑に値する」という告発をもって審理を終えた。陪審員は、たった二時間の評議によって、彼に終身刑を言い渡した。

ロンの裁判はその後、四月二十一日から開始された。この裁判でも、ロンの「殺していません」という否認にもかかわらず、また客観的な証拠は何もなかったにもかかわらず、検察は死刑を求めた。この時、ロンは「おれはデビー・カーターを殺してないぞ」と怒鳴ったが、陪審員たちは首席検事の言葉通りに短時間のうちに死刑の評決をした。

4

こうして二つの殺人事件の四人の被告は、一九八八年に客観的な証拠もないし、事実関係の目撃者もあらわれなかったのに、警察が強要した自白やその警察の回し者であるスパイ囚人によるウソの証言などによって死刑と終身刑へと追い詰められた。このあと、ロンとデニスは、一九九一年五月に、オクラホマ州刑事上訴裁判でも陪審員の全員一致によって一審の有罪判決が支持された。これで死刑が確定したロンについては、上訴公選弁護人局の弁護士レスリー・デルクが、一九九二年六月に最後の救済手段の一つとして、精神的責任能力の有無を決定する審問会を開くための申請書を地区裁判所に提出した。しかし、これは地区検察の異議によってあっさり却下されたので、弁護士は刑事上訴裁判所に上訴し、審問会の申請が認められた。そこで、デルクは長大な救済手続きの申請書を提出したが、これは地区裁判所と上訴裁判所と連邦最高裁判所のすべてで却下されてしまった。ロンには刑事責任能力があるというわけである。この結果、上訴裁判所は一九九四年八月、ロンの死刑執行を翌月の二十七日と決定した。このことは、刑務所長からロンに伝えられた。この時も、ロンは「自分はだれも殺していない」と異議を唱え、叫び声をあげた。しかし、所長が冷ややかに言ったことは、「きみの遺体はどうすればいいか」ということだった。

それでも、ロンの弁護士たちはがんばった。このあと、ロンの弁護は貧困者弁護事務局の弁護士ジャネット・チェスリーに委ねられ、最後の手段として人身保護令状の請求を行うことになった。この人身保護令状というのは、囚人の拘禁状態についての適法性を判断するための法制度で、そこに何か問題があれば、死刑の執行延期を勝ち取ることができるというものだった。この手続きを無視して、死刑を行うことはできないことになっていた。

ジャネット・チェスリーの提出した請求書を審査を担当したのは、連邦判事のフランク・シーイだった。この申請書はまず治安判事のジム・ペインが読んだ。彼は保守的な人物だったが、公正という点では高い評価の持ち主だった。この公正さはロンの申請書の扱いにも発揮され、この治安判事は責任者のシーイ判事に死刑執行の延期をすすめた。わが国の鳩山法相のように「自動的に」、あるいは「乱数表を採用して」というようには死刑を見なさなかったのである。シーイ判事も、治安判事の意見に同意し、死刑延期の措置をとった。

一方で、治安判事のジム・ペインは、自分の助手と裁判官付調査官に、ロンの事案について綿密な再調査を行わせた。ジム・ペインを含むこの三人組は、このあと大車輪の調査活動を行い、ロンが無実である可能性が高いと考えるようになった。この結果、シーイ判事も、徹底した再調査に乗り出すことになった。この小説の圧巻は、この人身保護令状の請求にもとづく判事たちの再調査の活動によって、連邦最高裁判所で死刑判決を受けたロンの無実をあきらかにしていく過程を描いているところにある。シーイ判事の「事務処理予定表に空きがあることを許さない厳しい監督」のもとにあつまった彼らは「夜も週末も働いた。おたがいの調査結果を読んで、編集に手を入れる」という綿密なやり方で、「一枚一枚皮を剥ぐように調査を進めていった」のである。その一年にわたる調査の結果、シーイ判事は、一九九五年九月十九日、人身保護令状を発行し、裁判のやり直しを命じた。

このシーイ判事の人身保護令状発行裁定の画期的なところは、単にロンの死刑執行を延期しただけではなく、それまでの司法手続きについて、エイダ警察や州捜査局、あるいは地区検事やロンの弁護士などを厳しく非難したことだった。とくに、地区検事にたいして、「ロンの二度目のウソ発見器によるテストの時のビデオを隠していたこと」「疑わしい手段で得られたロンの自白を証拠として採用したこと」「拘置所内の密告者を証人席につかせて宣誓証言をさせたこと」「物的証拠がほとんどないなかで起訴したこと」「被告人ロンの無罪を証明しうる証拠を隠していたこと」を指摘して非難したことは、事実上の再審無罪判決に等しいものだったといえる。シーイ判事は、そのことについて裁定意見書の末尾に、こう記した。「このすばらしい国で、公正な裁判を受けられなかった人々が死刑になろうとしているときに、わたしたちが目をそむけているとしたら世も終わりだ」

このシーイ判事の裁定は、連邦控訴裁判所も一九九七年四月に認めた。これで正式に再審が決まったことになり、ロンは貧困者弁護士事務局のマーク・バレット弁護士の支援を受けて再審裁判にのぞむことになった。このあと、ロンは弁護士らの支援によって公判をしっかり受けられるようになるための「公判前プログラム」の対象となり、一九九七年七月に州立の病院に入院した。その十二月には、責任能力についての審問会にのぞんだが、結果はさらなる治療が必要というものだった。しかし、一九九九年一月、新たなＤＮＡ検査で、デビー殺しの犯行現場にあった精液がロンとデニスのものではないことが判明した。二人の無実が証明されることになったのだ。

共犯とされたデニス・フリッツの方は万策尽きて、冤罪救済運動で注目を集めていた「イノセント・プロジェクト」という団体〔ピーター・ニューフェルドとバリー・シェックという二人の弁護士が一九九二年に創設した〕へ手紙を書いたことがきっかけで、連絡を取り合う関係になっていた。ＤＮＡの情報は、このデニスにも伝えられた。逮捕されて十二年、待ちに待った情報だった。

しかしそれでも、州地区検事は、二人がデビー殺しの犯人だと信じていた。そのため、検察は今度は二人の毛髪のDNA検査を要求した。無罪の情報が釈放につながらないことに、二人は苛立ちを深めた。仲間をかばい、冤罪をもみ消すために、科学捜査の専門家たちが毛髪のDNA検査を偽装しているのではないかと気をもんだ。しかし、二人はその毛髪DNA検査でも勝利した。犯行現場の毛髪とは一致しなかったのである。こうして、一九九九年四月十五日、二人は晴の再審裁判によって公訴棄却が言い渡されて正式に無罪が確定し、手錠と獄舎から自由になった。その自由のためには、事件から十七年を要したのだった。二人にとっては、逮捕されてからの十二年という歳月が、「不法行為と人為ミスと傲慢な検察の姿勢によって奪われた」のだった。真犯人はグレン・ゴアという男で、デビーが殺害された夜、彼女の帰りに彼女と何かを話していたところを目撃された人物だった。エイダの警察が初動捜査において、こうした情景を的確に把握していたなら、捜査は違った方向へすすむ可能性があった。

5

アメリカには百年以上も前から、憲法によって自分に不利益になる供述を強要されない権利が保障されているし（修正第五条）、自白についても自由意思にもとづかないものは証拠として認められないという連邦最高裁判例が存在するが、これらの法原則は実際の捜査や裁判においては容易に遵守されるものではないということを、この四人の被告にたいする死刑判決や終身刑判決へのプロセスが赤裸々に語っていた。

日本でもこの種の「自己に不利益となる供述」や不当な方法での「自白は証拠とすることができない」とされているが（憲法第三十八条）、しかし実際の警察や検察の捜査や取り調べにおいては、その種の強要が日常茶飯事のこととして行われており、裁判でも「自白」を有力な証拠として採用しているという現実がある。そこに、冤罪発生の根源があることは日本もアメリカも変わらない。最近、日本で明らかにされている冤罪事件も、すべてその憲法原則を無視した捜査や裁判がおこなわれていたところに原因があった。

この『無実』にかんしていえば、著者も書いているように、アメリカでは一九五六年の「ビショップ対合衆国裁判」の連邦最高裁判例として、精神的疾患などによる「精神的無能力な人物」にたいする有罪判決は、憲法上の権利を奪うことになるので違法であるとの判例があるが、これも本書の主人公ロン・ウイリアムスンには適用されなかった。ロンは大リーガーになるという夢を破られ、美しい妻とも離婚する羽目になって酒に溺れ、しだいに精神を冒されていったが、第一級謀殺の容疑者とした警察・検察の強引な捜査追及のなかでは、その点はまったく無視されてしまった。本来は弁護士がそうした点を明らかにして対抗措置を取るべきであったが、死刑判決までのプロセスではそうした弁護措置も適切に取られなかった。

これは日米共通であろうが、冤罪の最大の要因は、警察・検察の見込み捜査と非科学的な捜査にある。科学的な初動捜査に失敗し、客観的な視点から犯罪行為を見ることができなくなって捜査が行き詰まれば行き詰まるほど、観念的な犯人探しに偏重し、その正当化のために警察・検察の力を動員しようとする。『無実』の主役であるロンが、デビー・カーター殺害事件のあと五年もたってから逮捕されて冤罪の主役に仕立てられるというのは、まさにその捜査の行き詰まりゆえに犯人作りをするという冤罪の典型を地で行くものであった。それはまた、もう一つの殺人事件の主役とされたトミー・ウォードについてもいえることで、彼が連続八時間も尋問されつづけ、頭を混乱と恐怖でいっぱいにされ、自白を強要されたところにもよくあらわれている。

日本でも、最近明らかになった「志布志事件」〔鹿児島県議選での選挙違反事件というフレームアップ事件。しかもこの冤罪事件を作りだした鹿児島県警に、警察庁長官は警察制度の中での最高の「長官表彰」まであたえていた〕という冤罪事件で行われたのも、そうした一方的で強引な人権無視の取り調べであった。自白を拒否した容疑者は何百日も勾留され、無実でありながら自由をうばわれた。これは「志布志事件」ほど知られている事件ではないが、JR東労組の松崎明元委員長にたいして「横領事件」なるものをつくりあげ、ほとんどメチャクチャといえるような家宅捜索をくり返し、段ボール箱で六十箱もの押収物を関係の労働組合から持ち去ったということがあったが〔結局は不起訴処分となった〕、これもまた司法権力の奢れる無法のなすところであった。彼ら警察・検察は一旦着手してしまうと、その正当性をごり押しせずにはいられない。権威主義を地で行く彼ら権力機関には、つねにメンツが作用しているので、事態は一層深刻になる。本書の地区首席検事ビル・ピータースンは、ロンらがDNA検査で白となっても、まだ彼らの犯行を信じて疑わないという有様だった。そればかりか、彼は辞職したあと、名誉が毀損されたとして、本書の著者や弁護士らを連邦地裁に訴えたというのである。

アメリカの司法界のそうした負の側面を鋭く剔抉しつつ、本書はその司法の究極をあらわす判決において、冤罪事件をあばき出した者たちの姿を感動的に描き出した。とくにその人身保護令状の裁定を行うために力を尽くした裁判官たちの公正や正義への献身というものは、日本の司法界にもっとも欠如しているものだけに特別な味わいがあった。その主導者であるシーイ判事の言う「公正な裁判を受けられなかった人々」が死刑になるという問題、彼の立場からいえばそれを許さないという問題こそ、裁判制度の窮極の問題であり、それに責任を持つことを自覚した裁判官がいたということは、アメリカン・デモクラシーの一つの証明でもあったといえる。あるいはそれはアメリカの問題にとどまらず、ルールと裁きを欠くことができないという愚かな人間社会にあっては、一つの希望ですらあるといえる。日本の裁判官の世界からは、こうしたヒューマニズムの声も実践も絶えて聞こえてこない。有罪率九九・八パーセントという世界にあっては、そうした声を生むにはあまりにも酸欠状況が酷すぎるのであろう。

しかし、それでもたった一度だけだが、日本の裁判官経験者のそうした声を聞いたことがあった。二〇〇五年、清瀬市の教会で開かれた「袴田事件」〔ボクサーを引退後の袴田巌氏が味噌工場に勤めている時に起こった専務宅の放火・殺人事件の犯人とされた事件〕についての講演会で、その静岡地裁の判事であった熊本典道氏が話したときである。審理を通じて袴田氏を犯人にしたら冤罪になると確信した陪席判事の熊本氏は、何とか裁判長を説得しようとしたが、「果たせなかった」と述べて涙を流したのである。「この四十年、一日とも袴田氏のことは忘れたことがない」と。その裁きから四十年が過ぎても、この涙は尊いと思った。シーイ判事の言う「公正な裁判」につながる涙だからである。日本にも、涙をながして「公正な裁判」を考えた裁判官が一人でもいたということは、やはり日本の裁判の未来にもかかわる一つの希望である。

もう一つ、この『無実』で感動を受けるのは、殺人犯とされたロンの家族、なかでもアネットとレニーという二人の姉の弟への愛情とそれゆえの苦悩についても光りをあてて書いていることである。家族の一員が犯罪者という濡れ衣を着せられて死刑の判決にまで押し流されるという経験は、その家族にとっていかなるものであるかということにもしっかり目配りしたところはさすがである。本書がその二人の姉に捧げられているのも、著者の心情を示している。家族とは、一人の人間が人類社会につながる最初の人であり、その絆をなくしては人間は真の共同とヒューマニズムの立場には立てないということを、この二人の姉はよく語っているように思われる。

さらに、もう一ついえば、この作品が刑務所の監房としての「Hユニット建設」という一九九〇年にはじまった工法について述べていることである。寝棚をふくめて監房内をすべてコンクリートにするというもので、自然光も自然の風も完全に遮断された監房である。それは単に、自然と人間を遮断するだけではなかった。それが囚人同士であれ、刑務所職員と囚人の関係であれ、人間と人間との関係をも遮断する造りになっていた。本書の主人公ロンも、このHユニット監房を憎んだ。この監房に移ってからは、彼の体重は四十キロも減った。白髪も増えて幽霊のようになった。

この効率管理をめざす監房は、言ってみれば、ナチのガス室につながる効率処理の思想を秘めている。アメリカのことであれ、この非人間的な管理思想は注目に値する。囚人という人間集団から、その人間という要素が剥奪されていく姿がそこにはある。この新監房の完成（一九九一年）では、刑務所当局がお偉方を招待してテープカットをやり、楽隊を呼んでプカプカドンドンとやったというのであるが、これは文字通り囚人たちの地獄への歓迎式典でもあったろう。囚人の世界という小さな世界は、それを作る大きな世界としての社会を映す鏡なのであるが、それはまた当然のことながらその大きな社会の内実、つまり司法にかかわる民主主義の実質をも映し出すのである。この意味で、Ｈユニット監房は、アメリカ民主主義の衰弱と解体の新しいシンボルというべきであろう。

（『無実』の作品内容は主として白石朗監訳のゴマ文庫上下によった）

第四章

〈エッセイ〉

冤罪を考える

ソクラテスという存在

1

ソクラテスという存在は、現代の人々にとってはある意味で迂遠な存在かもしれない。なぜなら、現代人にとってはソクラテスは教養の問題であっても、現実的な問題にかかわる存在だとは思われないかもしれないからである。何しろ、彼は二千五百年ほど前のギリシアの都市国家アテナイに生きた哲学者であり、遠く古い存在である。

私にとって、そのソクラテスがはるかな時空を超えて星の光りを放しはじめたことについてはいくつかの理由がある。一つの理由は、昨二〇〇七年という年の歴史的な意味にかかわる。この年はロシア革命九十周年の年であり、且つその社会主義運動に尽くした理論家アントニオ・グラムシの没後七十周年の年でもあり、さらにまたわが国の現代史に画期的な意味を持った「南京大虐殺」の七十周年にも当たっていたからである。これらのことに関し、昨年、三つの国際シンポジウムが東京で開かれた。これら三つのシンポジウムにかかわって痛感させられたことは、世界的な意味での「民主主義の危機」という問題である。そしてそれらの危機の認識をとおして、世界で最初の「民主主義の危機」の時代を生きていた哲学者ソクラテスが、その言論によって国家から「死刑」の判決を言い渡されたという事実を思い起こさざるを得なかったのである。

二つには政治的「冤罪」という現代の問題と関係する。ソクラテスはその言論にたいし、まだ自らの民主主義を信じていたアテナイ市民とその体制によって冤罪の罰をくらった、これまた世界最初の言論人であったからである。この意味でも、政治的な治安にかかわる「民主主義の危機」を体現した人物として想起せざるを得なかった。これは私が無実の証明にかかわって支援している「冤罪」事件がまさに現代の民主主義といわれる政治と司法の体制によってつくりだされていることと深くかかわる。つまり、当時のアテナイと同じように治安による「民主主義の危機」が、この日本にも存在する。この局面において、現代への警告者としてのソクラテスの存在が浮き彫りにされるのである。

まず、このソクラテスについてであるが、彼は紀元前四六九年に生まれ、同三九九年に裁判を経て処刑された。その言論によって国家に害毒を及ぼし、青年たちを腐敗させたという理由からである。その裁判における市民陪審員は五百人にものぼったという。この様相はある種の人民裁判を思わせる。彼が民主政治に批判的であったのは、こうしたイデーなき多数者による衆愚的な強制という側面についてである。それは民主主義を語って圧政にいたるものであったからである。

その多数者が告発するソクラテスの罪過とは何であるか。ソクラテスの言論のどこが国家に害毒をもたらし、青年たちを腐敗させたというのであろうか。その吟味のためには、まず彼の哲学の方法である独特の問答式対話法〔プラトンが「ディアレクティケー」と名づけたもの〕の問題を知っておかなければならない。彼は現代風の書斎における知識の収得者としての哲学者ではなかった。彼は何よりも、「言葉の人」であった。彼はデマゴーグ流の告発煽動の言葉とは対極のところにある思慮と徳の言葉を求めた。アテナイの街にあって、その路上や広場や集会施設に立ちつづけながら、たえず市民たちに問いかけ、その国家や神や政治や美のあり方についての思想を吟味し、普遍的真理と徳の探究へ導びこうとした哲学者であった。この意味で、「言葉の人」であると同時に「路上の人」であり、「広場の人」であった。

その哲学の作風をよくあらわすのが、彼の生活のスタイルである。彼は粗衣を纏い、粗食を食べ、ほとんど毎日裸足の恰好で人々に語りかけたという。屋内に籠もることはほとんどなく、たえず人々の群れるところ、路上や広場や集会施設にいて、だれとでも対話したという。子どもは男の子が三人いたが、そのうちの二人はまだ成人していない子どもであった。それでも、だれからも言葉〔教え〕にたいする謝礼は受け取らなかった。つまり、ソクラテスは、「蓄財のこと」など一度も考えたことがなかったので、人生の最後に刑罰に問われたときには、プラトンの証言によると、罰金を提議するにも「私は一文無しである」と言うしかなかった。このため、弟子のプラトンらが仲間とはかって保証した「罰金三十ムナ」を提議したが、それは彼の死刑を回避させるものとはならなかった。

ソクラテスと同時代者であり、彼をよく知り、その彼への刑罰の告発に反対した軍人クセノフォンは、そのソクラテスの哲学スタイルについて、「彼は、絶えず家の外で暮らした。早朝から遊歩道や道場へ出掛けていき、市場の出盛る午前中は市場におり、それからあとは一日中、いつも大勢の人間が寄り集まるところへ来ていた。そして大抵は談論しており、だれでも彼の話を聞けた」（『ソクラテスの思い出』）と述べている。さらにクセノフォンは、ソクラテスについて、「彼は弟子たちを拝金の徒ともしなかった。なぜなら、彼は教えを求めて近づく者から金銭を取らなかったからである。これをしないことによって、彼は己の自由を確保できると信じた。彼は教えの礼金を徴取する人々を見て、自らを奴隷に売る者と言った。謝礼を取る者は、これを払う者に必ず話をしなくてはならないからである」（前掲書）とも述べている。

また、プラトンの描く『饗宴』のソクラテスは、アテナイの政治家アルキビアデスによると、笛の名手オリュンポスに比べて言えば、「あなたが彼と違う点といえば、楽器を用いずに、単に言葉だけで同じ効果をあげるという、ただその点だけです」というほど卓越した雄弁家であった。アルキビアデスがソクラテスに教えを受けた弟子の一人であったことを考えると、彼のいうソクラテス評価には相当の根拠があったと推測される。

そうしたソクラテスであればこそ、彼が当時の人間的な実存のことを念頭におきながら、「敬神とは何か、不敬とは何か、美とは何か、醜とは何か、正とは何か、不正とは何か、思慮とは何か、狂とは何か、勇とは何か、怯懦とは何か、国家とは何か、為政者とは何か、政府とは何か、統治者とは何か」〔クセノフォンの記述〕と問いかけ、その当時の根本的な思想的な諸問題について対話を試みたことは、戦争によって危機に陥り、国家的な動揺の時期に直面していたアテナイの政治的支配層にとって、脅威の言論となる要素を多分に含んでいた。彼は平和主義者でも反戦主義者でもなく、ただ「偉大な常識」を語った哲学者といえるが、その常識が国家指導者や市民の多数には通じなくなっていたのである。

とくにペロポネソス戦争の終末期の紀元前四〇六年、アルギヌサイ沖の海戦でスパルタ軍に敗れた際の敗走兵士の救済にかかわる指揮について責任を問われた将軍たちが、その指揮の遅延に憤慨した市民たちから死刑を要求されたとき、たまたま国会議長の職にあったソクラテスがそれを一回の投票によって決しようとした市民のやり方は国法に反するとして反対したことが市民たちの怒りをかったということがあり、国家の統治に預かる有力な市民層から市民の多数意見に反対する不遜な言論人と見なされるようになった。

ソクラテスにしてみれば、国法の基本を守ることが正義であり、市民たちにとってはアテナイの民主主義の基本である投票によって示された多数者の意思こそ正義であると信じられたところから、その将軍たちの裁判をめぐる対立は次第に思想的に抜き差しのならないものとなり、両者の対立の関係は次第に不穏なものとなっていった。このため、持ち回りの当番制としてのソクラテス議長の期限が切れると、市民たちは投票によって将軍たちを死刑にしてしまった。
前三九九年、ソクラテスが神々を冒瀆し国家に害毒を与え、青年たちを腐敗堕落させたという告発を受けて裁判にかけられたのは、そうした民主主義の分裂と危機の経緯においてであった。とくにソクラテスの弟子であったアルキビアデスが部下の兵士たちの敗戦に責任がありながら国外亡命者となったこと、またその同じ弟子であったクリティアスが対スパルタ敗北戦のあと、前四〇四年にテッサリアの亡命から帰国して独裁的な寡頭政治（三十人政権）の一人となり、容赦のない政敵弾圧を行って民主派と対立し、その民主派に敗れたことから、彼との交友関係が国家に害毒をもたらした罪証の一つとされた。

こうしたプロセスを考えると、アテナイの民主主義が戦争によって傷つくことなく秩序を保持していた間は、ソクラテスは「ソクラテス以上の賢者はいない」というデルフィの神託を得ているとされた通りの人気のある哲学者として、多くの弟子を得て青年たちの教育にも当ることができたといえるが、戦争によって国家体制が動揺し、市民間の対立も深まって改革が迫られる危機の状況になると、彼の問いかけの論議は危険思想と見なされるようになったことがよく分かる。たとえば、クセノフォンが書いているように、ソクラテスが「国の役人を籤できめるのは愚かしい」と言ったことも、告発者たちには「既存の国法を蔑視させる」行為と映った。言論について、その真実から離れた解釈によって罰を与えようとするなら、それは現代でいう冤罪の政治犯弾劾と同質のものである。この意味において、二千四百年ほど前のソクラテスにたいするアテナイ市民の裁判による死罪判決は、世界最初の民主主義国家における政治的冤罪事件であったといえる。

この歴史的教訓は、単に国家が過った告発によって当代随一の哲学者をむざむざ殺してしまったというだけではない。民主主義国家においては、その民主主義の危機が歪んだ正義と価値観を作り出し、それをもって民衆を扇動し、あるいは自ら告発者となって「思慮の言論」に侮蔑を加え、その尊く有用な人物をも殺してしまうことがあるということである。最大の教訓は、その危機による民主主義の変質にある。この変質によって殺人もまた正義となる。

そしてこの民主主義の危機が生み出したソクラテスへの威嚇者たちに対しては、裁判傍聴者プラトンの証言によれば、彼は法廷でこう述べた。「私は未だかつて何人に対しても、他の市民のみならず、誹謗者たちが私の弟子と呼んでいる人たちの一人に対しても、正義に反して少しの譲歩もしたこともないのである。しかるに私は、未だかつて何人の師にもなりはしなかった。ただ私は、自分の使命をはたさんとして語るとき、だれかそれを聴くことを望む者があれば、青年であれ老人であれ、何人に対してもこれを拒むようなことはしなかった」（プラトン『ソクラテスの弁明』）と。しかし、ソクラテスの「言葉」に異議をこえて弾圧を加えるため、その死刑を望む誹謗者たちは告発と煽動を止めることがなかった。その結果、裁判ではついに五百一人の陪審員中二百八十一票の多数をもって彼の有罪を決定した。このあと、さらに量刑の票決があり、ソクラテスは三百六十一対百四十の票差で死刑を宣告されたのである。

この有罪票よりも量刑票の方の賛成者が八十票も多かったということは、ソクラテスと陪審員たちのいかなる関係をあらわすのであろうか。この死刑判決の法廷を傍聴していたプラトンによると、第一回目の有罪評決のあとに、彼は慈悲を乞うことも哀願することもなく、その「弁明」において語りつづけたように、「魂の探究なき生活は人間にとり生甲斐なきものである」ということ、その探究をあらわす言葉としては、「まず自分自身のことを顧慮する前に、自分に属する事柄を顧慮しないように、また国家そのもののために顧慮する前に、国家に属する事柄を顧慮しないように、その他一切の場合にもこの順序に従って物事を顧慮するように、諸君のうちの何人をも説得することに努めて来た」という態度を貫いたのであった。このソクラテスの自己の魂の探究を貫徹する態度が、愚かに煽動された陪審員たちの反感を強め、八十人の新たな加勢者を得て、死罪の票を積み上げた。

言論はあったが、「言論の自由」はないという状況において、アテナイの市民陪審員たちは、そのソクラテスの「言葉」を理解する自由を持たなかった。自由がないところで自由を提起するというのが思想家の歴史への最大の貢献であるとしたなら、間違いなくソクラテスはそうした偉大な思想家であった。いわば、彼はその自分の「言葉」に責任を持ち、その「言葉」を生涯にわたって貫く決意を語ったことにおいて、「言論の自由」を示し、後世の人々に大きな教訓を残した最初の歴史的人物の一人であったといえる。その「言論の自由」の代価が死罪であった。

しかし、ソクラテスはこの判決に憤慨することなく、逆に静かな予言、しかも恐るべき人類史的な予言を行うことになる。「私に死を課した諸君よ、私はあえて諸君に言う。私の死後ただちに諸君が私に課した死刑よりも、ゼウスにかけて、さらに遙かに重い罰が諸君の上に来るであろう。今、諸君がこの行動に出たのは、そうすれば諸君はもはや諸君の生活について弁明を求められなくなるだろうと思ったからである。しかし、私は言う、諸君にはまったく反対の結果が生じるであろう、と。今よりさらに多くの問責者が諸君の前に出現するであろう」（前掲書）。このソクラテスの予言は、その「多くの問責者」の出現に耐え得なくなった政治の権力者たちがその民主主義を葬り、やがては千年以上にもわたって「民主主義の眠り」に就かせるという真実を告げることになった。つまり、アテナイの民主主義は、ソクラテスの言論を理解できなくなったばかりか、その「言葉の自由」を圧殺するほどに退化、堕落したことによって終末を迎え、千年以上にもわたって深い眠りに就くことになったのである。

2

ソクラテスの殺害を契機として死にも等しい眠りに陥った民主主義が現代において復活しているとはいえ、この民主主義もまた有能な市民を数々殺しているのである。この問題は、現代においても「ソクラテスの呪い」ともいうべき深刻で普遍的な問題である。現実世界を見れば、過去の民主政治や現在の圧政だけが市民を殺しているのではないことがよく分かる。民主政治はいまでもよく市民を殺しているのである。アメリカが民主主義の国家であることを疑う人はすくないであろうが、そのアメリカは民主主義の名において戦争をし、多数のベトナム市民やアフガン市民やイラク市民を殺してきたし、いまでも殺している。よく分かりきったことである。このよく分かりきったことを分かりにくくしているのは戦争という国家行為である。この戦争はソクラテスの時代よりもはるかに複雑怪奇なものとなった。戦争を発動する国家の正義と、その正義を自認し合う国家の関係が戦争という大量虐殺をさまざま隠蔽することもその一つである。そこでは、民主主義の国家が戦争によって市民を殺しても、それはやむを得ざる正義の戦争の結果であって、民主主義が殺したのではないという国家の論理が強調される。しかし、その戦争を発動するのは国家を主導する大統領、あるいは議会という民主主義の制度による意思である。戦争はひとりでにはじまるのではなく、その制度的な意思が主導する国家意思によって発動される。民主主義国家においては、ここにおいて民主主義的殺害という問題と不可避的に直面するのである。そして、多数の人間を殺害するということでは、あらゆる戦争は国家犯罪である。

この関係は、もちろん「社会主義」国といわれる諸国の戦争においても変わらない。そればかりか、「社会主義」国においては、その歴史を見ると、戦時におけるばかりか平時における自国民をも大量に殺害してきた歴史を持っていることがわかる。その意味では、民主主義という契機が弱かった分だけ、「社会主義」国といわれた諸国の方が彼らの「社会主義の危機」の時代の殺人は「民主主義の危機」の時代の民主主義国の殺人よりもはるかに大量であり、かつ残虐なかたちであらわれたといえる。レーニンの国内戦争の時代をはじめ、スターリン独裁の時代、毛沢東の独裁的主導の時代における「社会主義の危機」が信じられないほど多くの殺人を行ってきたことを考えると、その意味が明解になる。

レーニンはたしかに革命の英雄であったが、彼が人民委員会とソビエトを主導し、一九一七年に憲法制定会議を武力で解散し、その反対党のカデット（立憲民主党）を「人民の敵」と規定したとき、民主主義とは相容れない道を歩みだしたといえる。もちろん、レーニンはそのブルジョア的な「民主主義」よりも優れた「プロレタリア民主主義」があると信じて疑わなかったが、このレーニン的「民主主義」は多数の「人民の敵」を生み出したことによって本質を変え、やがてスターリン的な独裁の論理となって大量の罪なき人々を虐殺したことは歴史が証明する通りである。レーニンにはその「敵を殺す」（これは状況によって、「敵でない者も殺す」と同義語になる）という「革命の原罪」というべきものから免れることはできないのである。

ソクラテスらのアテナイに始まったといえる「民主主義」が二千四百年を経て、レーニンの「社会主義」に接続できなかったという事実、またその事実によってレーニンの革命が「言論の自由」を持つ人類史的な普遍的な革命となり得なかったということ、それが「ロシア革命九十周年」を記念して得た私の最大の教訓である。昨年末の「グラムシ国際シンポ」でも、この民主主義と社会主義との関係の解明に奮闘したグラムシに学ぶところは多かったが、暴力なき革命に至る道程ははるか彼方である。

もちろん、この「民主主義」の問題を彼ら社会主義者たちのこととして他人事にしてしまうことはできない。レーニンの社会主義革命の丁度二十年後に、私たちは日本軍による「南京大虐殺」という歴史を持っているからである。同時に、私たちにはその後の七十年を経ても、この南京虐殺を根本から悔い改める国民的な歴史認識に至っていないという戦後「民主主義」の認識の問題があるからである。

「南京大虐殺」当時の日本は民主主義国家ではなく天皇制国家であったから、その虐殺にいたる「体制の危機」は、「民主主義」国よりもさらに露骨なかたちであらわれた。すでに田中義一内閣による第一次山東出兵（一九二七年）のころから深まっていた「体制の危機」は、その前年には治安維持法を発動して「京都学連事件」をつくりだし、第二次山東出兵（一九二八年）の直前には共産党関係者千五百六十八人を検挙するという「三・一五事件」をつくりだした。まずは自らの市民的な「民主主義」の息の根を止めておいてからの中国への侵略開始というわけである。この「不安の時代」は芥川龍之介を自殺に追い込むほど深刻化した。しかし政府は、関東軍による張作霖爆殺事件（一九二八年）を放任し、国内においては治安維持法を改悪して「死刑」と「無期懲役刑」を追加したうえで、内務省に特高警察課を設置した。そうして市民の口を封じたうえで、満州事変（一九三一年）、「満州国」建国（一九三二年）、日中戦争・南京占領（一九三七年）へと突き進んだのである。「南京大虐殺」はその中国侵略の残虐のシンボルであった。その後、この中国・アジアの戦火が太平洋へと拡大し、米英基軸の連合国との「第二次世界大戦」へと突き進んだのはよく知られる通りである。戦争には戦争を抑止するメカニズムがないから、この戦争拡大のプロセスは、その後のアメリカのベトナム戦争や現在のイラク戦争に見られる通りの悲惨な状況を作り出した。この戦争過程において、アメリカもまた日本の地における大量虐殺を、「広島・長崎」をはじめ、「東京大空襲」によってつくりだしたのである。

3

さて、ここでソクラテスの「言葉」と「民主主義」との関係にかかわって問題となるのは、第二次世界大戦プロセスの最初の大虐殺となった「南京事件」（ナチス・ドイツのユダヤ人大虐殺はまだ始まっていなかった）についての日本人の言論の問題である。現在の日本はもちろん、ソクラテスの時代よりも広い政治的な保障のもとに「言論の自由」を保持している。「南京事件」にかんして問われているのは、その言論の質である。一部の学者たちは、「南京事件」の虐殺数の問題に焦点を当て、「三十万人」という中国側の犠牲者数の根拠の曖昧さを突くことによって、「南京事件」の死者ははるかに少なく、大虐殺事件ではなかったという言説を振りまいた。普通の戦争の激戦地の一場面に過ぎなかったというのである。右派のメディアがこの宣伝を買って出て大々的に報じたことによって、国民が過去と向き合い、自らの戦争によって引き起こした南京大虐殺についての根本的な自己反省の気運が弱められてきたのである。

それればかりか、彼らのキャンペーンは、「南京事件」について国民的な罪責感を稀薄化させ、人間の大量殺害ということにたいする想像力を麻痺させることでも役立った。三十万はおろか、一万の人間が虐殺された事態であっても、その悲惨がいかばかりであるか、人間的な想像は震え立つほどであるのに、数字の問題に解消して身を引いてしまうという想像力の麻痺が起こった。人間の虐殺にたいする想像力があれば、三十万人を殺せば大虐殺であるが、四万人の殺害では大虐殺とはいえないという言説〔歴史修正主義者たちは三万人とか四万人という虐殺説を出して自己の論理を正当化している〕の非道さがわかるはずである。それはたとえ百人、千人の人間であっても、彼らが兵士たちに「意識的・可視的」に殺害されて、無惨な死体に変じた光景――そこには多くの女性への集団強姦があり、多くの幼児殺しがあり、一家皆殺しという放火があった――を想像するだけでわかるからである。身内の者が一人殺されたり交通事故で死んだりしても、その悲惨は泣き叫ぶほどであることを考えれば、なおさらである。

それにもかかわらず、他国の人間がわずかの間に同じ都市で三万人、四万人殺されても、それは大虐殺ではなく、戦争行為の逸脱にすぎないとして平然と語り得る言論とは何かが問われているのである。この彼らの「言論の民主主義」は、ソクラテスが直面したアテナイの「民主主義」の問題に通じているといわなければならない。その「民主主義」はアテナイの誹謗者たちの「罪なき人を殺し、罪ある人を釈放する」民主主義そのものだからである。

この「罪なき人を殺し、罪ある人を放免する」という「民主主義」の問題が今日の日本においてもっとも鋭く噴出しているのが、『沖縄ノート』の著者である大江健三郎氏とその出版社である岩波書店と、その両者を告発している旧軍の沖縄渡嘉敷島守備隊長赤松嘉次氏の実弟赤松秀一氏と同じ旧軍座間味島守備隊長梅澤裕氏の両氏との間においてである。彼ら原告団は、かつてのソクラテスの告発・誹謗役を務めた扇動家たち同様に訴訟事件を提起して、大江氏らの言論抑圧に乗りだした。この訴訟には、その原告らに論理的根拠を提供したとされる曾野綾子氏（一九七三年に『ある神話の背景』を出版し、二〇〇六年に『沖縄戦・渡嘉敷島　集団自決の真実』という改訂版を出版）や、実際の訴訟を支援しているらしい「自由主義史観研究会」や「新しい歴史教科書をつくる会」の人たちなどがさまざまかかわっていることが知られているが、問題の本質は曾野綾子氏がインタビューして語らせた旧赤松隊少尉である富野稔氏の「国に殉じるという美しい心で死んだ人たちのことを、何故、戦後になって、あれは命令で強制されたものだ、というような言い方を」するのかというその「言い方」にあるといえる。戦時下の軍を頂点とする権力構造のなかで作り出された七百人を超える住民たちの無惨な「集団自決」(沖縄の人たちはこの言葉を忌避し、「集団自殺」と表現し、大江氏もそれにならうとしている)を「国に殉じた美しい心の死」という具合に偽装し修正する論理である。

その偽装の論理は、曾野綾子氏が『沖縄ノート』のなかの「罪の巨塊」という言葉を守備隊長個人への非難・告発の表現と誤読し、それによって大江氏断罪の論陣を張ったところから始まった。また、曾野氏は、神ならぬ人間には真実はわからないとする神の術策を用いて「戦争権力と集団自決」の関係を隠蔽する試みもした。そして時勢の傾きに土壌を得て、雨後の竹の子のように出現した歴史修正的な論者の数々。それらの言論に励まされての今度の原告団訴訟というのが実態であろう。この文脈からみても、原告団支援の論者に「南京大虐殺」否定論者や「従軍慰安婦」否認論者が轡を並べていることは、決して偶然ではないのである。そこには、もっともたしかな論理的必然性が窺える。それは支援者の一人である「現代史家」なる人物が、「集団自決」を「尊厳死」という倒錯した言葉によって表現したところによくあらわれていた。なぜなら、その尊厳なるものが沖縄住民に対するものではなく、敗残の侵略戦争を仕掛けて多くの沖縄県民の生命を奪った帝国へのものであることは明らかで、彼らはそうした帝国の論理を基にして大江氏の論理への反撃を試みているからである。

この訴訟を見ていると、大江氏は丁度偽りの告発によって裁判に付されたソクラテスの立場におかれていることがよくわかる。大江氏にたいする訴訟自体がその言論に罰を加えようとする行為を本質とするものだからである。つまり、この訴訟は「罪なき言論者」としての大江氏を罰し、「罪ある戦争責任者」である旧軍人たちを無罪放免にしようとするものである。それゆえに、この裁判は遙か遠く時空をこえてかつてのアテナイの地に起こった「民主主義の危機」のあらわれとしてのソクラテス裁判と同じように、現代日本の「民主主義の危機」を如実にあらわすものである。

また、それゆえに、この訴訟は単に大江氏や岩波書店に罰を加えることだけをめざしているのではないことも明らかである。日本が侵したアジア・太平洋戦争と、そのなかでの沖縄戦そのものの歴史観や戦争観までも偽装修正し、青少年の歴史教育までもその彼らの歴史修正主義的な言論のなかに奪還しようとする試みといわなければならない。大江氏と岩波書店にたいする企てとしての言論抑圧訴訟それ自体が「言論の自由」をめぐる重大な憲法上の争いであるが、同時にその原告団が毀損されたとする「おのれの名誉」「兄の名誉」というものが沖縄戦当時の帝国軍人の名誉にほかならないことを考えると、その「名誉」によって傷つき倒れ、あるいは殺し殺されていった沖縄住民の名誉が争われている裁判でもあるのである。その軍人たちの下で犠牲になった沖縄住民もまた、冤罪の毒杯を飲まされたソクラテスだったのである。

犠牲になった沖縄の住民たちは、考える間も言葉を発する間もなく倒れたことによって、ソクラテスのような立派な言葉を残すことはできなかったが、その声なき悲痛な嘆きと怒りは、いまでもその天空にこだましている。同胞たちの苦難な探求のなかでその声の一部はさまざま再生されてきた。大江氏の『沖縄ノート』もまた、その貴重な生命の甦りの一部なのである。この沖縄の死者の甦りをこころよく思わず、そのあらわれを消してしまいたいと望む者たちが、かつてのソクラテスにたいするアテナイの誹謗者たちと同じような怪しげな情熱をみせて大江氏と岩波書店を裁判につき出したというのも、それゆえである。ソクラテスの予言による長い闇からようやく目覚めた人類の民主主義のためにも、現代日本の言論のたたかいのためにも、そして何よりも日本軍のもとで無惨な死を強制された沖縄住民のためにも、「大江・岩波『沖縄ノート』裁判」は勝利しなければならない。ソクラテスという存在は、そう私に語るのである。

（補足）

二〇〇八年三月二十八日、大阪地裁〔深見敏正裁判長〕は、「大江・岩波『沖縄ノート』裁判」において、この大江氏の作品などに対して名誉毀損を理由として出版停止などを求めていた元軍人らの訴えを退け、沖縄戦下の住民の「集団自決」に対する日本軍の強制を認める判決をした。この訴訟で焦点となった「集団自決」は渡嘉敷島と座間味島で起こったもので、原告もこの二つの島の元戦隊長とその遺族〔弟〕であった。原告はこの訴訟を「沖縄集団自決冤罪訴訟」と銘打って裁判をおこしたが、その元軍人を「冤罪被害者」とする主張は、当然のことながら否定された。日本軍によって被害を受けたのは明らかに沖縄住民の側であって、その住民被害は軍の「玉砕戦法」〔「軍官民共生共死」の方針〕によってもたらされたものであることを、判決は「日本軍が深くかかわったものと認められ、原告梅澤及び赤松大尉が集団自決に関与したことは十分に推認できる」として認めた。判決はその根拠として、重要な武器である手榴弾が住民に渡されていたこと、軍が諜報防止に意を用いていたこと、「集団自決」は何れも日本軍が駐屯していた場所で発生していることの三点をあげたが、これは当時の沖縄戦における戦争遂行のための権力構造が軍司令官以下各戦隊長を頂点とする上意下達の組織をもって成立していたことからも、当然の認定といえる。また、判決は大江氏の『沖縄ノート』などについて「本件各書籍は、公共の利害に関する事実にかかわり、もっぱら公益を図る目的で出版されたもの」と認定し、とくに原告が「捏造文書」として非難していた『鉄の暴風』などについて、「戦時下の非戦闘員である住民の動きに重点を置いた戦記として資料的価値を有する」と認定したことの意味は大きい。また、新聞報道の範囲の感想であるが、「言論・表現の自由」を擁護した判決としては近来にない画期的な判決といえる。

鬼という存在

三島通庸と松崎明

民衆の記憶のなかの鬼

日本における鬼の歴史は古い。そしてその語られてきた表象は豊かである。歴史には、「書かれたもの」と「書かれないもの」とがあるが、鬼の歴史はその「書かれないもの」として民衆の語りと記憶によって伝えられてきた。鬼とは「隠」の世界の存在であり、基本的には形なきものであるから、文字という明快な書記によって全体像をあらわすには困難があったのであろう。

古代中国の陰陽五行説にもとづく天文・暦数などの術がつたえられると、日本でも陰陽家や陰陽師が生まれることになり、古代官僚機構のなかにも陰陽寮が置かれ、その長官は「うらのかみ」とよばれた。この「うら」と「陰」や「隠」とは同じ意味で、易学でいう「天地の元気」の二要素の一つである。宇宙の万物が陰陽の交流交感によって生成・変化・消長するという論理である。そしてこの「隠」とは「おに」とも読み、その「隠」の世界の存在である鬼を表象する言葉となった。

つまり、明快な形を持つ人間に対比して、目には見えない形なきものとしての超越的な存在性をもつ鬼がこうして生まれた。この「隠」の存在で形が見えないということがかえって、鬼の俗信化のプロセスでは多様で豊かな想像上の表象をもたらした。ある時は死者の霊魂であり、ある時は伝説上の山男であり、ある時は想像上の異形の怪物であり、ある時は鬼の化身としての美女であり、「もののけ」であり、一方で鬼婆となったり、死体を喰らうとされる鬼娘になったりした。仏教の影響のもとでは餓鬼が生まれ、地獄の赤鬼・青鬼が作られた。平安時代になると、鬼形をまねて財貨や婦女子を掠奪する盗賊としての酒呑童子のような盗賊もあらわれ、終生道長に忠実に仕えたといわれる源頼光という武将の家来で四天王といわれた鬼武者たち〔渡辺綱・坂田金時・碓井貞光・卜部季武〕によって退治されたとされる。この場合、酒呑童子という悪鬼にたいして、その退治者である四天王たる鬼武者たちは善なる存在としての鬼である。

異形な人間たちの存在を通して歴史の解読をすすめた網野善彦によると、「童形」というのは人々を恐れさせる異形の存在であったというから、盗賊たちはそうした恐怖の形相を装って悪事をはたらいたのであろう。人間社会に貸借関係が生まれ、借金問題が深刻になると、「無慈悲な借金取り」としての債鬼というような存在もつくられた。そうかと思うと、近代化のなかでは事業に精魂を傾ける人を「仕事の鬼」として敬意を示したりした。

つまり、鬼に共通するものは通常の人間には及ばないような超能力を持つ巨大な存在であるが、その異形異種の存在は想像と現実の両領域にわたって多種多様であり、その善悪についても多義的であった。悪の化身としての恐怖の存在でもあれば頼もしい正義の味方でもあるという存在である。それらの存在はさなざまな物語のなかに織り込められ、民衆の記憶を通して伝えられてきた。そうした存在を芸術の領域にまで高めるような創造的な試みもさまざまなされてきて、物語(「保元物語」や「太平記」や「一寸法師」や「桃太郎」)や狂言(「鬼の継子」や「鬼清水」や「曽我狂言」)や絵画(「鬼の念仏」)や舞踏(鬼剣舞や鬼舞)としても表現されてきた。

鬼の立場は見る人の立場によって善悪が異なるという例をもっとも典型的にあらわしているのが『太平記』が描く大森彦七盛長という「鬼」の武将である。彼は一三三六(建武三)年五月、足利尊氏の同盟者である細川定禅に従って湊川に建武政権側の楠木正成の軍を破って正成をして切腹させた武将であるが、『太平記』によると、「其心飽マデ不敵ニシテ、力尋常ノ人ニ勝タリ」「誠ニ血気ノ勇者」と評された異能の人物であった。わずか三年の南朝の建武政権でも、これを正統と見る皇国史観の人にとっては、この後醍醐政権に反逆した尊氏やその配下の武将は邪鬼の部類に位置づけられる存在だったが、『太平記』の史観から見ると勇猛をあらわす鬼武者であった。

その関係をよくあらわしているのが、『太平記』の描く大森彦七盛長の鬼退治の物語である。当時、風流服飾の華美を好む者を「婆佐羅《バサラ》」と評して、その華美と奢侈が話題を生むということがあったが(彦七の仕えた定禅の統率者である足利尊氏は天下を治めた建武三年に「建武式目条々」を発したとき、その第一条で「近日、婆佐羅と号し、専ら過差を好」む風流があることを戒めた)、彦七にもそうした傾向があったらしく、その正成征伐の武勲によって所領を得ると、大いに悦に入ってさまざまな遊興を催し、貴賤を問わず家来たちや近隣の住民を集めて猿楽などを演じた。そんなある日の夜、その楽屋に行く途中で女に請われるままに山道を背負ってやると、その女が「俄ニ長八尺許ナル鬼ト成テ、二ノ眼ハ朱ヲ解テ、鏡ノ面ニ洒ケルガ如ク」になるさまとなり、おぶった彦七はその鬼を振りほどこうとするが、鬼の盤石の重みで身動きができなくなり、彦七は大いに苦悩した。しかし、武勇にすぐれた彦七は鬼と格闘して何とか退散させることができた。おそらくこの鬼婆こそ、彦七が討った正成の亡霊なのであろうが、いずれにしろ、肝腎なことはこの鎌倉中期のころ、鬼の亡霊が物語のなかにきわめて多様で、しかも多義的な姿をもって登場しているということである。

その後の歴史は、こうした亡霊物語が途切れることなく続いて、最近の例では宮崎駿のアニメ映画の傑作『もののけ姫』のようなかたちで登場する。また山田洋次の映画『武士の一分』には「鬼役」といわれる藩主の飲食物の毒味役が登場する。この毒味役の主人公は、その毒味によって盲目となり、武士としての勤めがかなわなくなったなかで、上級の武士の偽りによって愛する妻を奪われたことを知る。そして、その盲目という存在において卑劣な上級武士を討って屈辱を晴らすのであるが、その盲目という逆境に力を与えたものは霊魂の鬼に通じる「隠《おに》」の目であったといえるだろう。山田洋次がそのことをどれだけ意識していたかはわからないが、その「武士の一分」の逆境の武士には隠れたものとしての正義の鬼の力がやどったと解釈できるのである。

そして、これらの鬼たちは、現実世界にあっては、動植物や人間的な事物の豊かな生命や表情を示す言葉となって甦っている。「鬼やんま」「鬼ユリ」「鬼蓮」「鬼アザミ」「鬼瓦」「鬼絞り」などの言葉となって生きているのは、そのあらわれであろう。人間では、天才をこえるほどの類稀な能力を持つ人を鬼才と称してたたえるのも、その一つである。鬼は現実世界においては、決して悪や恐怖のイメージだけによって生きているのではないのである。なおまた、一方においては、「小姑一人に鬼千匹」といわれるように、鬼はやさしい存在でもあるのである。この意味では、アジア・太平洋戦争の時代に、「鬼畜米英」などというスローガンの言葉とされたことは、鬼にとって大いに迷惑な話であったろう。

三島通庸という「鬼県令」

さて、私が語りたいと思っている鬼は、歴史の鬼物語や言葉の鬼ではなく、明治以降の実在の人物にかかわる鬼の話である。一人は「鬼の県令」とか「鬼総監」とかいわれた三島通庸であり、もう一人は「鬼の動労」といわれた労組の主役であり、自らも「鬼の松崎」といわれた松崎明であって、ともに近代において鬼とされたり言われたりした人物についての話である。この二人の鬼ほど対照的な鬼はいない。それは、片や明治藩閥体制の支配者の側にいて民衆と対峙した鬼であり、片や現代の被支配者の側において労働者を抑圧する権力への抵抗のシンボルとなった鬼だからである。しかし、ここではその三島通庸を悪鬼とし、松崎明を善鬼とするという単純な図式からその対照性を見ようというのではない。二人を隔てる一世紀の歳月にもかかわらず、またその鬼の相貌の懸隔の大きさにもかかわらず、その鬼にたいして抱く民衆的な意識と願望においては重なり合うところも多分に見られるからであり、その鬼本人の時代を見る眼ということでは共通するところも見られるので、それぞれの人物像の特性を客観性に考察したいと考えるのである。

まず、先行した鬼としての三島通庸について見ておこう。私がこの三島に抱く何よりの不思議は、「鬼の県令」といわれながら、彼には「三島神社」というものが二つも存在するということである。もちろん、この「三島神社」とは、あの本家本元である愛媛県大三島にある「大《おお》山祇神社《やまつみじんじゃ》」に発する「三島神社」のことではない。正真正銘の三島通庸をご神体として祀った「三島神社」のことである。

その一つは山形市にあり、もう一つは栃木県那須塩原市（旧西那須野町）にある。いずれも小規模な神社であるが、明治以降の政治家や行政官で神社に祀られた話はあまり聞いたことがないので、その点でも三島通庸という人物の特異性が印象づけられていたのである。日本には

「八百万の神」という言葉があるように、有り難いと思われるものはありとあらゆる事柄が神や仏として祀られてしまうともいえるところがあるが、軍人を除く明治以降の政治家や行政官では三島を除いてはそうした神として祀られた人物はいない〔ただし軍人にして政治家であった西郷従道を祀った「西郷神社」はある〕。

ついでながら、軍人が軍神として祀られた例について見ておくと、まず古い順にいうと一九一五（大正四）年に建てられた那須の「乃木神社」〔日露戦争で旅順要塞を攻略し、後に明治天皇に殉死した乃木希典大将を祀ったもの〕があるが、この乃木神社はその後、京都（大正五年）、函館（大正五年）、東京（大正六年）、長府（大正九年）、善通寺（昭和十年）という具合に相次いで建てられた。「富国強兵」と「天皇忠臣」という時代の思潮を代表した人物として称揚されたのであろう。

別の軍神としては一九三五（昭和十）年大分県竹田市に建てられた「広瀬神社」〔日露戦争の旅順攻撃で決死隊の指揮官を務めた広瀬武夫中佐を祀ったもの〕というのがあるが、これなどは明確に軍国主義の時代的あらわれであった。一九四〇（昭和十五）年に東京に建てられた「東郷神社」〔日露戦争の日本海海戦でロシア海軍を破った東郷平八郎元帥を祀ったもの〕も、その一種である。この背景には、大正時代の「乃木神社」をふくめて、いずれも軍人としての「偉業」や天皇との忠誠関係を新聞などで美化宣伝し、彼らの死を軍国教育に利用するという側面があったことは言うまでもない。

「三島神社」については、その色彩はまったく異なる。政治家や行政官としては三島通庸より優れた人物はいくらでもいるのに、なぜ三島通庸なのかというのは、彼が赴任して活躍した地域の民衆意識を除外しては説明がつかないことである。その活躍の実態についてはあとで詳しく触れるとして、一般的には薩摩藩閥官僚としての三島といえば、後世から見て強烈な記憶を残しているのは、一八八二（明治十五）年の「福島事件」という大弾圧であろう。「鬼の県令」という言葉も、この大弾圧から生まれた。

一八八二（明治十五）年の春に山形県令（知事）から福島県令となった三島通庸は、「某《それがし》が職に在らん限りは、火付け強盗と、自由党とは、頭を擡げさせ申さず」と宣言して強権的な県政を開始した。まず、県庁の書記官や郡長など自由党派とおぼしき吏員たちの多くを免職追放し、そのかわりに自分の影響下にあった者たちを九十人も採用したほか、巡査などの治安要員は自由党に対抗して育成しようとしていた帝政党の士族関係者から採用し、自由党に結集した民権党派にたいする弾圧体制を固めたのである。そうしておいて、はやくもその赴任の翌年には若松から越後・米沢に至る二路線の開発を計画し、関係六郡の農民に負担金三十七万円と農民一人につき一か月に一日の割合での夫役（男十五銭、女十銭）を課し、その工役金を徴税する条件を押しつけた。これに憤慨した六郡農民と福島県会は、三島の提案した明治十五年の地方税による予算案を否決して抵抗した。ところが三島はその県会の議決をまったく無視し、県会をボイコットしたまま内務卿〔内務大臣〕の山田顕義と謀ってその大臣権限によって予算を決めてしまい、二路線の道路開発事業に着手しようとした。

こうした三島の政治姿勢は、単に中央集権的であるだけでなく強権的な明治の天皇制官僚を典型的にあらわすものといえる。悲劇的なのは、その行政的な近代化意識が地方民衆への意識としてははたらかずに、地方行政自体が国家のための事業であって、地方やその民衆は常に二の次三の次という立場におかれたことである。価値の基準は専ら中央〔国家〕にあって、地方やその民衆にはなかった。この点では、程度の差はあれ同時代の欧米の政治指導者が持っていたような「人民のための人民の政治」という地点からははるかに遠く離れていた。彼の国土開発事業には一面では明治的な開明性があったとしても、近代化政策を進めた行政官としての思想は薩摩藩のレベルにとどまっていたことを示すものであった。

いずれにしても、こうして福島県会を無視した三島は、福島自由党と会津六郡の農民にたいして全面対決する事態を迎えた。警察権力を一手に握った三島が、明治十五年十一月二十六日に六郡総代の自由党党員宇田成一と三浦文治を喜多方署に拘引させると、二十八日には六郡村民数千人が喜多方弾正ケ原に集合し、隊伍を組んで喜多方署に赴き包囲して宇田らの釈放を要求する事態となった。これにたいして、待機していた巡査たちは一旦は退散したが、暮夜になってしびれを切らした農民たちが警察署の門に迫ると、その巡査たちが抜刀して斬りつけたために大騒動となった。そして、警察はこの機を待っていたかのようにいっせいに自由党関係者の逮捕を強行しはじめた。逮捕者一千数百名といわれる大検挙である。これは福島自由党全員の逮捕というに等しいもので、その事件の直後に政権の中枢にあった右大臣岩倉具視が「万機ヲ一新スルノ精神ヲ奮励シ、陛下ノ愛信シテ股肱トシ、且ツ以テ国家ノ重ヲ為ス所ノ海陸軍及ビ警視ノ勢威ヲ左右ニ提ゲ、凛然トシテ下ニ臨ミ民心ヲシテ戦慄スル所アラシムベシ」（「府県会中止意見書」）と嘯《うそぶ》いた通りの事態であった。岩倉の言う「府県会中止」というのも、福島県会のように自由党員が反政府的な言論を弄しているなら、制度そのものを中止してしまえという反立憲的、反人民的な暴論の一つであった。

三島が岩倉のいう「民心ヲシテ戦慄」させる警察行政を行ったうらには、「西南戦争」（彼の郷里の大先輩である西郷隆盛と大久保利通がともに国家の理念を背負って相まみえ、大久保的な明治絶対主義的方向が決した事件で、当時三島は山形県令として赴任していた）によって方向づけられた内治的国家体制の強権的な方向と、「明治十四年政変」といわれる薩長閥の参議と岩倉らによる立憲体制移行否定の閣議によって方向づけられた民権派排除の推進、そして同じ明治十四年におこった「秋田事件」という地方の民権派による「圧政政府転覆挙兵計画」を含む「御均し政治」運動への危機意識などが重要な背景をなしていたと思われる。三島が勇躍して岩倉の言う「武断専制の治術」へと猛進することができたのも、そうした薩長藩閥政治による明治国家体制への正統意識と、一方で「秋田事件」によって意識された民衆蜂起への危機感であったといえる。

とくに、「秋田事件」については、明治国家の代表と自負する地方統治の行政官としては、地方の民権派による反政府運動として重大な関心を持たざるを得なかったであろう。それでなくても当時の地方の状況は、明治十年の地租改正〔三パーセントから二・五パーセントへ〕にもかかわらず、インフレによって米価が高騰し一部の富裕な農民は潤ったものの貧農や小作農の生活は疲弊するばかりであり、一方、政府財政の方も地租減額によって大幅な歳入減となって財政赤字に悩まされていたから、地方統治の政治自体が大きな困難に直面していた。大隈大蔵卿〔大蔵大臣〕は五千万円の外債を発行するという「積極財政」を提案したが、外債を発行して国力を弱めるくらいなら「四国か九州を売り渡した方がましだ」とする岩倉らの反対で閣議もまとまらない状況であったから、地方振興のための財政支出はますます困難になった。この状況は大隈追放後に、大蔵卿となった松方正義が大隈財政を批判する緊縮政策をとった当時も、そのインフレからデフレへという荒波のなかで農民の生活は一層疲弊する状況にあった。

三島県令の苛政

三島が福島県令として会津三方道路の建設に着手しようとしたのは、こうした地方の困窮の状況においてであった。「殖産興業」という国策を推進するためには国土整備としての道路の開鑿事業が至上命題であったが、国庫には金がなく外債も借りられないという状況において、もともと三島の取りうる政策には限りがあった。つまり三島は、その限界を突破するがごとくに岩倉式の武断専制という強権的な方法による地方収奪の開発行政を採用せざるをえなかったのである。三島はすでに前年の山形県令時代に、米沢から福島に出る「栗子新道」というトンネル工事を完成させていたが、この時の費用も国庫負担の三万円にたいして地元負担はその三倍をこえる九万五千円にのぼった。しかも、地元では工事費の負担のほかに延べ一万五千人分の労役を負担させられたのである。これは言葉をかえていえば、文字通り地方収奪の国家土木事業の典型といえるものであった。

こうした山形県令時代の土木工事の手法を福島に持ち込んだのが会津三方道路の計画であった。会津自由党を組織して民権の自覚を高めていた会津六郡の農民たちがただちに反対に立ち上がったのは当然の反応であったといえる。かつての戊辰戦争で朝敵となって貶められたというコンプレックスを持つ米沢の士族や農民たちの新政府への忍従の意識とは違った反抗の精神において、会津の農民たちは受け止めたのである。

これにはさきの「秋田事件」に見られたような圧政政府にたいする世直し運動というような行動的な認識も大いに作用したと思われる。民権推進派という共通の意識もあった。色川大吉の『自由民権』によると、この「秋田事件」の中心には土佐の立志社の影響を受けた柴田浅五郎という民権家がいて、彼が秋田に立志会という結社を作って呼びかけたら、たちまち二千六百人をこえる貧乏士族や農民たちが集まったというが、会津農民にもこうした盛り上がりがあった。「秋田事件」の柴田浅五郎はその組織を背景に、他県の同志たちとも協議し、国会も開かずに集会条例を作って弾圧体制を強めようとしていた圧政政府を倒すための武装蜂起を計画した。あとで判明した警察調書によると、柴田は同志たちに、「此儀ハ全国一同蜂起致スベキ故、必ズ案ジルコトナシ」と檄を飛ばしていたが、一八八一（明治十四）年六月、資金作りのためであろう、平鹿郡内の豪農襲撃から足がつき、秋田立志会の幹部らとともに逮捕され、内乱陰謀罪に問われることになった。

この弾圧によって秋田の民権派は大きな打撃をうけたが、「秋田事件」への連座を免れた民権派も少なからずいて、その年の十月に東京浅草で植木枝盛や馬場辰猪、末広重恭、田中正造ら七十八名の代議員をもって自由党の結党大会が開かれると、その自由党に苛酷な弾圧を受けた平鹿郡内からも三百二十名が参加したという。

三島通庸ら支配者の側からいえば、この「秋田事件」に「圧政政府転覆」という計画があったこと、しかもその発覚による弾圧にもかかわらず、その後、事件の中心地である平鹿郡内から多数の自由党参加者が出たのを重く見ざるを得なかったであろう。三島自身にしてみれば、その種の反政府的な激化運動を再び福島県内から発生させてはならなかったから、この「秋田事件」の教訓は少なくない意味を持ったはずである。その教訓があったればこそ、岩倉の言う「民心ヲシテ戦慄スル所」を見せようとしたといえるであろう。それはまた、松方財政の危機のなかにあっては、三島のめざす道路行政の貫徹というテーマにとっても不可避の強権策であった。国家的原始蓄積というべきほどの資本主義的な地方収奪は、こうして会津自由党を中心とする福島自由党、そしてそのまわりに結集した農民たちへの弾圧を不可避としたのである。

この点に関しては、最近の「三島通庸」研究者の一部の人たちが言うように、彼の道路や疎水や開拓事業など公共事業を展開して国土の近代化政策の実行者となった業績を再評価することが必要ではないかということにも一理がなくはないが、しかし問題なのはその近代化政策が極端に前近代的な農民抑圧政策と一体化していたことである。そこに明治時代の行財政の展開において、地方民衆への恐るべき搾取と収奪があったという特質をよく見ておかないと、その実行者である三島の「鬼」の特質も見えなくなってしまうということである。

「三島神社」の由来

おそらく「三島神社」に象徴される「神」としての三島通庸は、自由民権派の強い地域における抵抗運動の挫折が、民権運動無風地帯やその意識の脆弱な地域、あるいは逆に国土の整備を必要としていた産業経済の発展地域においては、会津民衆的な「鬼」認識を逆転させて「神」とし、三島の開発行政の成果を恩義と感じて祀るような情況がつくられていたあらわれと見ることができる。そうした地域の各地に「三島通り」があり、その窮極のあらわれとしての「三島神社」があるのも、そこには福島民権派農民の三島への鬼の意識を逆転させる恩義の意識や宗教的な祀りとしての服従の意識が生まれていたからであろう。

この宗教的な意識こそ、スピノザ(注1)の言う「信仰は眞なる教義よりもむしろ敬虔な教義を、いいかえれば精神を服従へと動かすような教義を求める」(『神学・政治論』)ということのあらわれと見ることができる。問題なのは「真実」への意識ではなく「服従」への意識なのである。宗教においては、真実は問題ではなく、畏服し服従する精神が問題だとするスピノザの洞察は、その二百年後にマルクス(注2)が、「人間が宗教をつくるのであって、宗教が人間をつくるのではない」と看破し、その「人間、それは人間の世界のことであり、国家社会のことである。この国家、この社会が倒錯した世界であるために、倒錯した世界意識である宗教を生み出すのである」(『ヘーゲル法哲学批判序説』)と再定義したことと同じであろう。とくにマルクスにあっては、神と映るものは人々の倒錯した意識としての「宗教的幽霊」に他ならないのである。この意味において、福島の農民にとっての三島という鬼は、その国家と社会の展開を自らが立つ現実の被支配下のリアリズムにおいて見出したものであり、一方の山形や栃木の農民たちが見出した三島という神は、その土台となる国家と社会の倒錯した関係(多数者の市民的「社会」が少数者の政治的「国家」を支配するのではなく、その逆の倒錯した関係)を意識することによって国家的支配者の一人である三島を「われらの神」としてあがめて描き出したのであろう。

もちろん、「三島神社」をマルクス流に倒錯した「宗教的幽霊」と言ってしまうのは味気ない感じがしないでもないから、三島が「神」として祀られたうらには、その土木事業の性質やその事業の農民たちへの物質的、経済的効果といったような問題があったことも見ておく必要はあるだろう。その三島評価について山形・栃木と福島との間に大きな相違が生じたのは、自由民権運動の発展の度合や時代の相違が強く作用したこともたしかである。自由党への結集が最盛期を迎えた一八八二(明治十五)年に県令となってすぐさま農民無視の強引な会津三方道路の建設問題を起こした福島時代と、それ以前の民権運動がまだ緒についたばかりの山形県令時代、また逆に自由党への弾圧によって民権運動が厳しくなりつつあった一八八三（明治十六）年十月に県令となった栃木時代との時代の差が、三島の行政評価にもまた大きな格差をもたらしたと考えることができるからである。

この意味では、福島の鬼としての三島が、山形や栃木においては神となって祀られたということには、それほどの不思議はなかった。山形や栃木の場合、三島通庸という人物への評価が、彼の仕えた明治的強権国家の苛政にもかかわらず、その近代的な行政官の成果ということになって映し出されたのは、これまたマルクスが言う転倒した社会的意識の農民的な反映だと見ることができるからである。

ある日、私は、そうした農民たちのなかに映し出された三島の人物像を確認するために、那須塩原市の「三島神社」にまで行ってみた。それで分かったことは神社の創建は意外と早く、彼の死後〔三島は後に警視総監などを歴任し、一八八八年（明治二十一）十月に五十三歳で死去した〕十八年目の一九〇六（明治三十九）年であった。その神社の場所は彼が栃木県令になるまえに三島政府から借り上げた千町歩に及ぶ開拓地〔現在の那須塩原市西那須野町三島〕にあり、後に三島農場となった肇耕社が開いた土地である。その北側に位置する赤田山の開拓地には、三島自身が一八八一（明治十四）年の天皇の東北巡幸のまえの七月ごろに開拓民たちに五穀豊穣を祈る

「母智丘神社《もちお》」を建立させてもいる。

そしてこの天皇の東北巡幸のとき、山形県令だった三島は、酒田町を訪れる明治天皇の行在《あんざい》所《しょ》問題についても、郡役所内に建設すべきだとする本間家など町の有力者と対立し、一方の有力者であった人物〔渡部作左衛門〕の邸宅内に当時の額で六千五百円を要した総檜張りの豪奢な二階建てを新築させて天皇を宿泊させるというような天皇利用の政治もすすめた。当時の天皇巡幸は、一般的にいっても民衆への天皇政治体制の浸透のための重要な手段であったから〔その巡幸とは左右大臣、参議をふくめた中央官僚などを従えて千人にものぼる大集団の御一行様であり、その威容を民衆に示すことが重要な狙いであった〕、とくに自由民権運動への覚醒が芽ばえつつあった地方にたいしては、その自覚的運動をも吸収して「人心ノ収攬」をはかる有効な手段として用いられた。三島はこの民権派を抑えるためにも、天皇巡幸というバラマキ政治〔当時の山形にも、天皇の下賜金と称する金が村々の有力者や教員などに合計九千五百五十四円も出された〕を大いに奉戴して自分の県政を売り込むことに余念がなかったのである。

天皇巡幸に先立つこの「母智丘神社」も、郷里鹿児島で祀られていた五穀豊穣の通俗的な民間信仰を真似たもので、「殖産興業」に尽くす農民たちを慰撫する信仰奨励策から出たものであった。後に、三島農場の開拓民たちがその主の三島通庸を祀る神社として建設した「三島神社」も、この「母智丘神社」との合祀のかたちを取った。「三島神社」の建設については、その建設にたずさわった開拓農民たちの三島への思いが大きかったとしても、そこにはすでに三年前の一九〇三（明治三十六）年に、同じ那須野地方に農商務卿（農商務大臣）の特権をもって大農場を開いていた西郷従道（注3）を祀る「西郷神社」が建設されていたことも強く影響したと考えられる。近傍に「西郷神社」ができたからには、農民たちにとっては「おらが三島様」をご神体とする神社を建てずにはすまなかったのであろう。山形市の「三島神社」は訪ねたことはないが、おそらく那須塩原市の神社と同じような事情が作用していたのであろうと思われる。

そして、これらの神社の本質は、同時代の文明論者である福澤諭吉が「およそ人生の行路に富貴を取れば功名を失い、功名を全うせんとするときは富貴を棄てざるの場合あり」（『痩我慢の説』）と論じたように、政府高官の利権をもって膨大な土地を取得して「富貴」を増大させた三島通庸や西郷従道らの存在を考えれば、それが「功名」となるはずもないものであったが、善良な農民たちは、そうした知的な文明観よりは俗で宗教的な祀りを選んだのであろう。それゆえ、政商的政治家や藩閥行政官（その筆頭は西郷隆盛と大久保利通なきあとの薩摩藩閥を統括していた北海道開拓使長官の黒田清隆で、彼は一八八一（明治十四）年、時価三百万円をこえる官有財産をわずか三十八万七千円の三十年賦・無利息という破格の条件で薩摩の政商五代友厚らに払い下げるという問題を起こした。また当時の政府を構成していた十人の参議のうち、西郷従道を含む四人が薩摩出の参議であった〕が権勢を誇る土台が民衆のなかにもできていたといえるのであろう。自らの汗と血の涙の開拓事業や土木事業をもって「三島神社」や「西郷神社」を創り、その政商的高官たちに報いた農民たちは、そうしたことも語る存在でもあった。

「松崎という鬼」の存在

松崎明が現代人でありながら、鬼という異称を授かったのには理由があろう。現代の労働運動において希に見る戦闘性を発揮した指導者だったということが第一であろう。それは彼が指導した動労〔動力車労働組合〕の運動によって伝えられた。「鬼の動労」と「鬼の松崎」が同義語である事実によって、それは知られている。

この「鬼の動労」は、石炭から石油へという世界的な産業構造の変化が本格化した時代を背景に、「総資本・総労働」の対決といわれた三池炭労の闘争が資本と権力の側の勝利として終結し、自らを守る牙として保障されていた諸権利が労働運動からますます奪われていき、労使協調の路線へと再編されつつあった時期に、その路線に反抗し、自らの戦闘性をもって自己主張を始めたことによってシンボル化された時代的な存在であった。この時代は、三池の労働運動の敗北によって象徴された民衆的な下降の線と、大規模な安保闘争の発展によって鼓舞された政治的な意味での民衆的な上昇の線が交差した時代であり、それだけに労働運動も政治運動もその後の帰趨が鋭く問われていた時代であった。

政治運動の局面では、その民衆的上昇気流をめぐって、旧左翼の指導への不満から新左翼が生まれ、労働運動の局面では総評指導の運動が資本の側の戦線強化による労使協調路線への誘導にたいして有効に対抗できなくなりつつあったその時期に、独自の闘争の論理と実力行動をもって登場したのが動労であった。秒単位の労働規制を余儀なくされる交通産業の労働者として、その一分一秒を争う職場における実力行動を成功させるためには、労働者一人ひとりが鬼の如き不動の姿勢に徹することが求められたが、組合員たちはその任務に耐えることによって諸闘争を貫徹した。松崎明という戦闘的な指導者のもと、労働者一人ひとりが鬼の存在と化すほどに闘争を徹底することによって、動労は「鬼の称号」を得たのである。組合員だけではなく、民衆もまたそうした強力な労組の存在を求めていたことにおいて動労の運動は成功した。

それは、さきの三島通庸が民衆を抑圧する「権力の鬼」であるなら、それを反転させて権力と闘う「民衆の鬼」という願望によって生み出された存在だといえた。権力や資本にとっては、

「退治したい鬼」という存在である。松崎を追う公安警察の長い闘争の歴史はその実態をよく物語っている。そして、松崎はついに「退治されなかった鬼」となったことが二〇〇七年末に証明されることになったのである。公安警察が六十箱の段ボールという膨大な家宅捜索資料〔段ボールに入っていなかったのは松崎本人だけだといわれるほど〕によって追及しながら、遂に不起訴処分にせざるをえなかったというのが、その鬼退治不能の結論であった。

松崎明には、労働運動の指導者にしては珍しいほどの沢山の著書がある。同時に、彼には沢山の講演記録がある。つまり、彼は「書く人」であり、「話す人」である。このことは、文学という言葉の世界にある私にとって大変興味のあることであった。なぜなら、それらの事実は、彼もまた「言葉の人」であるという一面を示しているからである。

世の多くの労働運動家の話や文章というと、外部の者には言葉を創造するというよりは、言葉を切り刻んで紋切り型に並べ替えるような印象を受けることが多い。私自身も何度か労働運動の指導的立場にある人の演説などを聞いたことがあるが、大抵は定型的なものであって、一般的にいって興味の薄いものであった。「わかっているよ」というようなことしか言ったり書いたりしないのである。

この点、松崎明の文章や語りは一味違う。どこが違うかといえば、まず型にはまらないというところがある。自分が感じたことを率直に語るというスタイルであるが、肝腎なことはそれが社会的な批判論理と結びついているということである。いわば、その率直さにおいて思考の自由をよくあらわしているし、その社会的な批判論理と結びついていることにおいて思想の自由を実体化していることである。そこには対抗者や異端者にたいする恐れや排除の思惑はなにもない。むしろ、そうした議論と果敢に論じ合うのが彼の知的活力の源泉になっているという印象を受ける。これは一見平凡なことのようにも、簡単なことのようにも見えるが、実は心底そうであるというのは大変難しいことである。

最近出たもっとも新しい松崎評に、「稀にみる資質をそなえたリーダーと対面している思いであった」（『「ＪＲ総連・ＪＲ東労組＝革マル」説に怯える人々に』・「情況」一・二月合併号）という戸塚秀夫の評価があるが、この戸塚の評価も松崎の「極めて率直」な語りによって得られたものに違いない。つまり、彼の労働運動についての語りは、大労組の幹部が自らの経験を振り返って自慢げに語る種類のものとは異なり、自ら経験した豊富な運動の軌跡を検証しつつ、その時々に何が問題の中心にあったかを抽出して批評の言葉で語るというものであった。それは彼の個人的な論理の経験であるばかりか、それを労働組合の集団的なレベルへと昇華させつつ歴史認識として確定させていくプロセスの論議でもあり、聞いている者との共通の認識の場が開けるような語りであったことが、私が同席した会合からも確認することができたのである。

この意味においては、松崎という「鬼」は、「行動の鬼」であるとともに、精力的な「語りの鬼」でもあり、かつ「書く鬼」でもあるといえる。私が最初に読んだ松崎の著書は『鬼の咆哮』（毎日新聞社）であったが、この著書はニューヨークで起こった「九・一一」テロ直後の二〇〇一年十二月に出版されている。松崎はそこで早くも十月から開始された米軍のアフガン空爆に抗議する論陣を張り、「アフガン難民チャリティコンサート」をJR総連が中心となって開いたことを語っている。そして、小泉政権がこれまた早くも米軍のアフガン空爆開始に歩調を合わせるように、その同じ十月に「テロ対策特別措置法」を成立させたことを憲法違反の悪法と指弾し、小泉首相がその「特措法」をアメリカへの同時多発テロ対策に限定しない「恒久法」化を目論んでいると論じている。

この自衛隊の海外派兵の「恒久法」の問題は、この二〇〇八年の現在、政治焦点の一つとなっているが、二〇〇一年の「特措法」直後の指摘としては最初のものである。小泉を名指しした戦争政策批判でも、最速のものの一つであった。そして、重要なことは、「これから平和運動の弾圧がはじまる」と予見したことである。その平和運動には「改憲に反対する市民運動・労働運動」も含まれるというのであった。この予見は、その一年後に適中して二〇〇二年十一月に、自らが指導したことのあるJR東労組の大宮地本傘下の組合員を直撃して、七人の労働者の自由を奪ったのである。松崎の時代を読む眼のたしかさを証明した事件である。このアメリカの「九・一一」後の情勢を読み、まずは著書をあらわす行動に移した松崎の早業には、そうした「鬼の早業」の一環が見られるのである。

このことは、そうした関係では見過ごされているが、私には先の著書こそ、権力者たちを怒らせ、松崎とその土台であるＪＲ東労組を打倒すべき「抵抗勢力」のトップバッターにすえる要因となり、「ＪＲ浦和電車区事件」の原因となった著書だといって間違いがないように思える。この意味で、「ＪＲ浦和電車区事件」はＪＲ東労組と松崎潰しの「国策」だったといって、これまた間違いはないだろう。そして、この「ＪＲ浦和電車区事件」でも松崎という鬼を潰せなかったことが、その後のあの手この手の冤罪謀略となってあらわれ、ついに行き着いたのが「業務上横領事件」の不起訴処分という結末であったといえる。

「護りの鬼」としての道理と論理

私が最初に松崎明に会ったのは、ＪＲ浦和電車区事件に関する『冤罪』という書物を出すための準備の段階で、彼にインタビューを申し入れて快諾を得たときだった。二〇〇四年の秋のことである。その時、私が受けた第一印象は、戸塚秀夫の言う「極めて率直」な語りというものであった。そのため、私は初対面であったにもかかわらず、しかも「革マル派」大幹部というようなレッテルが流布されているなかにあっても、まったく違和感もなくその話が聞けたのである。とくに私がその時に強く感じたのは、国鉄分割民営化必至という情況のなかで、松崎が組合員たちの「仕事と職場」をまもるための闘争の砦としての労働組合を、産業構造改革に反対する社会変革的な運動から切り離し、その恒常的な労組としての団結を確保するための闘争への方向切り替えに強い指導力を発揮したことだった。これは当時の労働界や革新陣営からは「裏切り」と評されたが、私にはこれこそ「鬼の早業」と思われた。丸山眞男は、世界に開かれた日本独自の思想として鎌倉武士の一族一門の結集の論理としての「道理」の思想を指摘したことがあるが、それは「御成敗式目」にいう「理非において親疎あるべからず、好悪あるべからず、ただ道理の推すところ、心中の存知、傍輩を憚らず、権門を恐れず」という精神である。当時の松崎にはこの「道理」の精神に通じるような労組擁護の精神が強く働いていたと見えたのである。

この点では、松崎によって表象される鬼の相貌は、動労という自己の位置する「一族一門」の結集をはかる「護りの鬼」であったともいえる。外面の強面だけが鬼の面構えではなく、鬼にはこの内側に向いたときの母神の顔があるからこそ、仲間の組合員にとっては何とも頼もしい守護者として存在することができたのであろう。鬼はある時は民衆を恐怖される存在であるが、ある時には民衆を守る強力な存在でもあるのである。その両義性において、鬼は自在な異境の存在として民衆の記憶のなかを生きつづけてきたといえる。

実際、松崎と交流してみると、私のささやかな経験においても、彼がいかに大衆的な諸行動——それが学習の場であれ、レクレーションの場であれ、酒の席であれ——に長けた人物であるかが分かる。ある時は仲間への批判も辞さない痛烈なアジテーターとして登場したかと思うと、ある時は俗気芬々たるさまも厭わずに酒の談議に花を咲かせ、歌もうたい、踊りもおどるという具合である。それを自然体でこなす姿は、彼が鬼といわれるもう一つの面を語っていると思われた。もちろん、松崎の鬼といわれるものの命名の根拠は、支配権力がどうしても「征伐しておきたい」「退治したい」「討ちたい」という願望を反照させたところにあったのであろう。しかし、その標的とされた「鬼」は倒れなかった。これには彼自身が持っている闘争者としての才覚が深く関係しているといえるが、同時にその鬼を擁護するたしかな同志たちをたくさん作ってきたということがあるだろう。その意味では、松崎という鬼は孤立した鬼ではなく「共同の鬼」なのである。

それは単に「思想」などによって生まれるものではない。このことは松崎に優る「思想家」はたくさんいても、何かの運動と実践において松崎のような実績をあげたり、「鬼」となって異彩を放つ者がいないことを見ても明らかである。たとえば、こうした関係をまったく理解できない者が松崎を「思想なき俗物」（今井公雄『左翼過激派の二十年――その文学的考察』）などと難じてみてもはじまらない。彼に言わせると、松崎は「鬼というイメージ」戦略――それでも彼は「労働組合もイメージ産業であるとすれば、卓越した戦術であったことは間違いない」と一部称賛もしている――を取って動労時代に成功しただけであって、「鬼の動労」から「紳士の動労」へ転身してからは労働運動の指導者を失格したと述べている（前掲書）。そのうえで、今井はその失格の要因として「太田薫や岩井章が備えていた包容力や戦略眼、カリスマ性をもたない」ことを上げている。これは彼が言う「太田や岩井」のあとの総評がどのような末路をたどったかについての批評の眼がまったくはたらいていないことを自ら告白しているに等しい。

たとえば、その「カリスマ性」ということでいえば、太田や岩井よりも一枚も二枚も上だった宮本顕治やスターリンの例を見てもわかるとおり、そうしたものは思想とは何の関係もないのである。指導者像ということでいえば、政党と労組との違いはあるとしても、宮本と松崎とをくらべてみると、その懸隔の大きさに唖然とするほどである。宮本の周りに芬々としていた支配的権威の雰囲気は松崎にはほとんど皆無だし、松崎の周りに満ちていた直接民主主義的な雰囲気は宮本には皆無であった。左翼的な大衆運動にとってどちらが大切かは言うまでもない。

これまでの左翼は宮本的な権威主義的な雰囲気を有り難がって大衆から遊離してきた。スターリンの場合にはその権威は生殺与奪の権と結びついていたから、大衆を従属させることはできたが、その共同的な自律性を育てることはまったくできなかった。

そのスターリンにもっとも反対するという第四インター系の中核派に所属した経験を持つ今井が、いまでも「カリスマ性」などということ自体、滑稽なことである。そしてそれはかつての彼が本多書記長という空疎なカリスマ性に首ったけであったという事実と符合している。暴力的なファナティシズムに陥ることによって一時的な狂気の状態を持続できるというのが、暴力志向のラジカル党派指導者の条件であったが、本多書記長というのはそうした条件を満たすと幻想された偶像の一つにすぎなかった。この点、松崎もまた一時期、ラジカル党派に身を置きながらも、そうした暴力的なファナティシズムに陥ることがなかったのは、労働組合という社会的集団に根をはり、その運動の正気に目覚めていたからである。集団的情熱を覚醒させるために、世の運動のすぐれた指導者たちが持っていた常識の線を突き破るような戦闘性は松崎にもあったが、しかし彼はたえず労働運動の現場の感覚に引き戻されたので、その戦闘的な感覚のままに暴走するようなところはまったくなかった。むしろ、彼はそうした戦闘的な部分をうまく結晶化するために、いみじくも宮崎学が命名したように「松崎組」という同志的な結合へと収斂させていったということができる。

ついでながら、この本多延嘉との関係では、本多自身が暗殺された一九七五年三月以来、中核派はその反撃として、「黒田、松崎、根本の三人を首謀者として指名し、処刑を公言しつづけてきた」(前掲書)ということであるから、明治時代に鬼とされて福島自由党員たちの暗殺のターゲットとなった三島通庸同様に、松崎もまた過激派による暗殺の標的になったというのは、それぞれの鬼の性格に違いがあっても、鬼同士の奇縁として興味深い。三島はその暗殺を謀った福島自由党員らが突如として起こった加波山挙兵の方へ合流したことによって危害を免れたが、松崎の方も彼ら中核派が「暴力革命路線」の破産を覚って暴力路線を変更したことによって危害を免れたということがいえるかもしれない。この点でも、二人は同じように暗殺者たちの変貌のタイミングに恵まれていたといえる。

それぞれの鬼の視点に違いがあっても、時代の大局を見るという点でも、二人には共通点があった。三島の場合には、明治政府の高級官僚として国土整備事業の開発に異常なほどの意欲を示したときに見せたものであるが、松崎の場合には労働運動が直面する時代の転換期における運動論において見せた大局的な認識である。その松崎の対応は、国鉄の分割民営化問題にたいする労組の最終決断のときに示された。組合員の職場と仕事を守るために民営化に賛成するという路線の転換である。政治運動においても、労働運動においてもそうであるが、当時のような論議のぎりぎりの段階において、運動の指導者が「われひとりでも行き、われひとりでも退く」という態度を貫くことがいかに難しいかは歴史的な経験が教えるところである。建前論で行ったり、赤信号みんなで渡ればこわくない式の行動の方が楽であり、組織のなかでは安全なのである。この意味では、攻める関東軍式の、大局を見ないで退くことを知らず、玉砕にまで行くのを美学とするような考え方が日本の集団や組織にはある。

松崎が大局をみて退いた国鉄分割民営化反対闘争の例でいえば、当時の革新政党といわれた社共両党は与党と鋭く対決し、土光臨調の改革案に反対していたが、その対決の具体的な展望も、国鉄職員にたいする明快な労働政策も持っていないという手の内を十分承知しながら、最後まで反対運動を推し進めた。その過程の国会では、土光臨調の要となった法案、「日本国有鉄道改革法」の審議において、その法案の構造を十分に掘り下げることができないままに可決に追い込まれ、あとで労働雇用契約をめぐって争われることになる同法第二十三条問題を引き起こすことになった。これは夙に戸塚秀夫が指摘していることであるが（国際労働研究センター「会誌」二〇〇七年二月号の「あとがき」）、その二十三条にいう「承継法人の職員」についての問題である。のちに問題となった千四十七人の不採用問題が表面化して裁判で争われたとき、最高裁はこの条項によって新生ＪＲ当局には直接の雇用責任はないと判断したのであったが、国会審議ではこの点は分に解明されないままに来てしまっていたのである。

このことは国鉄民営化問題についての革新野党の反対闘争の質的な問題にかかわっていた。つまり万事が大雑把であり、建前論的な反対姿勢からの詰めの甘さを露呈したのである。国鉄職員の雇用契約問題は、その改革の最重要課題の一つであったから、その点の詰めの甘さを「承継法人の設立委員」条項審議において示した国会の責任は大きいのである。そしてその第一義的な責任は、もちろん、それを賛成可決した与党議員にあるとしても、それが彼らの推進者としての当然の可決といえたから、問題はそれに反対し、国労などとスクラムを組んで対案なき立場に終始した社共両党の対応である。この点、革新野党は原理主義的な立場にとどまって、その政治の責任において国鉄労働者の雇用を守るという個別具体的な観点からの対応に欠けるところがあったといえる。

たしかに政治には、ある場合、原理主義的な不退転の態度を示すことが必要な時があるが、それが現状が求めている改革の方策やその現状把握からずれてしまうと、その国民的な現状によって反撃され、自滅させられてしまう。声を大きくして反対を叫ぶだけではダメなのである。とくに、国鉄改革というような百年に一度あるかないかというような大問題についての政治的対応についてはそうである。その自らの対応についての論議を十分に行わず、その評価を労組の対応をめぐる論議に矮小化して、動労の最終的な対応が国鉄改革に責任を持つべき者の階級的「裏切り」などと規定し、自らの責任を糊塗するやり方は大局を忘れたコップのなかの論議として批判されなければならないのである。

この国鉄の分割民営化の問題は、日本におけるサッチャリズムの最初の具体的なあらわれであったが、国鉄の大赤字という経営体質のなかでは改革は不可避なものとして位置づけられざるをえないものであった。もとより一労働組合の反対闘争をもって阻止できるものではなかった。この意味では、国鉄経営の大赤字という特有の問題に加えて、鉄道と陸路輸送にかかわる産業構造の変化という事態を背景にした国鉄民営化問題は、労働組合闘争としては石炭から石油へというエネルギー構造の転換を背景にして総労働・総資本の対決といわれた三池闘争と同じような問題性を持っていたといえる。そしてこのことを認識できない反対闘争は必然的に闘争そのものの脆弱性を背負うことになった。社共両党や国労の反対闘争は悲しいかな、その典型を示したのである。

ここにはさきに論じた会津自由党と福島自由党の反三島県政闘争にも見られたと同じ問題、つまり時代の転換期における国土開発や資本主義的産業にたいする農民と労働者の闘いの内実が、その対抗的な国家官僚や資本家たちの実行政策や推進姿勢にくらべて脆弱であったという問題と同じようなかたちであらわれていたといえる。この点では、鬼の県令といわれた三島は、明治新政府に体現された地方収奪を旨とする原始蓄積的な国土整備政策をまっしぐらに推進したとはいえ、その近代国家形成の展望のもとに行動したといえる。明治政府はすでに、明治五（一八七二）年に「殖産興業」「富国強兵」を方針化していたから、その十年後にもまだその実をあげ得ていない東北地方において、三島県令的な強行策が出されるのは半ば必然であった。この点、三島は「三新法」（大久保利通の上申によって公布された明治十一年の統一的な地方制度としての市町村制、府県会制、地方税制の三法）以前の山形県令や酒田県令時代から地租改正事業とそのための農地の実地測量事業、旧村合併事業に取り組んできていたから、その実績を福島の土木事業に移して、東北地方の「殖産興業」の実を上げようとする「国策」推進の立場に相当な自信を持っていたのである。

三島はまた、わずか一年足らずの酒田県令時代に、農民たちの「ワッパ騒動」（税金を米の代納で払うという制度にかんし、酒田県が「請負石代納制」という方法を取っていたところから、村々の貢米を買い受けた特権商人とそれに結託した官僚が大きな収益差金を手に入れていた。これを知った農民たちは自分たちも「石代会社」を作ろうとして騒動を起こしたが、そのときの農民の行動を小童的な騒動とみなして「ワッパ」と表現した）を徹底的に弾圧した農民抑圧の実績を持っていたから、その抑圧的な行政効果を福島においても期待したとも見ることができる。この「ワッパ騒動」のあとにも、三島は農民たちが税の過納金の返還訴訟を起こして得た六万三千円に対してその六四パーセントにのぼる強制寄付を命じるなどの抑圧政策を取った。こうした三島の強権政治が、廃藩置県を断行した明治新政府のその廃藩的な地方抑圧の側面を色濃くあらわし、置県の措置に望まれた近代的な地方行政の確立という側面をないがしろにするものだったというのもまた必然の姿であった。

国鉄分割民営化の問題にかえっていえば、社共や国労などの反対闘争には、抵抗の精神においては会津自由党に通じるところがあったとしても、その闘争の構想と展望においては百二十年前の彼ら同様に脆弱なところがあり、その脆弱さによって時代が必要とした改革課題において足を掬われたといえる。したがって、この国鉄分割民営化にたいする反対闘争の敗北を、土台、一動労の「裏切り」のせいなどとしてすませることができないことは明白であり、二十年が過ぎた現在でもそうした論議のレベルに止まっているのは、木を見て森を見ない論議の根深さを示しているといえる。

もう一つの「木を見て森を見ない」論議

木を見て森を見ない論議といえば、もう一つ松崎明と現在のＪＲ総連・東労組にかかわる論議に、例の「革マル」論議がある。この問題の本質は、新左翼党派による「内ゲバ」の発生以来、公安当局が彼らを潰すことをめざして、その彼ら同士を相互の暴力行為に誘導するために採用してきた戦略の延長線上にある。つまりその反労働者的な労働政策が問題なのだ。その労働政策において、資本や国家にたいして自主的で批判的な立場を取る労働組合がほとんど一掃されてしまったなかで、ＪＲ総連・東労組はそのわずかに残った「抵抗勢力」的労組と見なされてきた。とくにその一掃をめざして「新自由主義」的改革を推進した小泉政権にとっては、松崎的なものは目障りな存在であったから、その「潰しの戦略」がさまざま追及されてきた。東労組などへの「革マル」浸透という意図された国会論議もその一つであり、マスコミをつかった「革マル」組合キャンペーンもその一つであった。また、対抗的なＪＲ連合や国労を使嗾して労働界での包囲網を築こうとしたのもその一つであろう。

こうした公安当局の「革マル」論議をテコにした反ＪＲ総連・東労組戦略は、社会党（社民党）や共産党にも、「暴力集団」との関係や影響の排除という言説をもたらし、市民的な平和運動や憲法運動にたいする排除の論となってきた。このレッテル戦略は労働界やマスコミ界にも一定の影響をもたらした。このため、学者や文化人たちの横断的な連帯運動にも否定的影響を与えている。とくに、この面での治安当局と新旧左翼との思想的共同は不思議なほどの一致を見て、松崎明とＪＲ総連・東労組の「孤立化」作戦を推進する役割を担っている。この点、政党では、民主党——旧社会党系の議員には警察庁と組んでもＪＲ総連を打倒したいという強硬な議員もいるが——や公明党の方がはるかに開明的である。

そして、松崎明やJR総連・東労組と「革マル」との実際の関係はどうかといえば、たとえばそのもっとも敵対的な関係にあって、相手方の分析に余念がなかった中核派OBの一人である先の今井が「松崎をはじめとする旧動労関係は、いまでは完全に革マル本体とは無関係になっている」（前掲書）と述べているように、それは二十年以上もまえの話であって、現実の関係ではない。そのことをたった一行の言葉をもって端的に指摘したのは佐藤優だったが（二〇〇七年二月のJR東労組主催のセミナー講演「時代のけじめとしての国策捜査」）、彼はそれをJR東労組の機関紙が共産党の号外新聞を配っていた党員を逮捕・起訴したことの不当性を訴えた記事をもって読みとった。「彼らが革マルならこんなことは絶対にしない」というわけである。

その両者の関係を松崎明本人からの「聞き取り研究」によって論理化したのが戸塚秀夫である（前掲論文）。戸塚はそこで、「問題の『JR総連＝革マル』説について言えば、一九五〇年代末から一九七〇年代半ばにかけて、かつての民青の活動家たちが日本共産党の活動方針に不満をもって革共同革マル派に接近し、動労の戦闘化にかなりの役割を果たしたのは事実であろうが、革マル派の教条的、硬直的な指導に対する反発から、一九七〇年代末ごろから一九八〇年代にかけて動労、JR総連の中心的なリーダーや活動家たちが革マル派から離れていった、というのが真相であろう。組合と党派との関係は、明らかに歴史的な変遷を辿ったのである」（前掲雑誌論文）と論じている。

同時に大切なことは、戸塚も述べているように、そうした革マル派離脱の関係については、「松崎氏はすでにたびたび、革マル派を離れた経緯について語っている」し、また現在のJR総連副委員長の「四茂野氏の著作でもそのことは触れられている」ということである。いわば、その関係は公知の事実なのだ。にもかかわらず、公安当局がそれを百も承知の上で「革マル派」を機会あるごとに宣伝し、新旧左翼もまたその「革マル」関係説（JR総連自体が「松崎革マル」だという類の珍説まである）を喧伝して止まないのは、国会に議席を持つ党派も含めて、彼らが事実を検証する科学的な精神を失ってしまった何よりの証拠といえる。そしてこの場合、彼らの過てる認識は、『共産党宣言』の第一行にいう「共産主義という幽霊」に怯えるツァーやメッテルニヒやギゾーらの神聖な同盟のごとくに彼らを結束させ、「鬼の松崎」に対抗したことにおいて軌を一にしている。いわばここでは、かつて神聖同盟者たちを脅かした「幽霊」は、現代日本の神聖同盟者たちにとっては松崎という「鬼」となって徘徊しているのである。

冤罪を許さなかった鬼

今年（二〇〇八年）一月八日、新聞各紙は小さなベタ記事であったが、松崎明に対する三千万円の業務上横領容疑で書類送検されていた東京地検は、嫌疑不十分で不起訴処分にしたと報じた。処分の日付は昨年（二〇〇七年）十二月二十八日。公務員が正月休みに入る年末ぎりぎりの日である。この処分の日から十日もたってから新聞報道となったのは、東京地検がこの決定をただちに公表もしないし、本人にも伝えなかったからである。松崎の正月の眠りを妨げることまで意図したのかどうかはわからないが、このこと自体、検察の反国民的な姿勢をよくあらわしている。犯罪容疑だと称して大がかりな家宅捜索などをやり、本人はもとよりJR総連など関係機関や関係者に多大な迷惑――実質それは権力による人権侵害である――をかけておきながら、その結果を速やかに公表しなかったという事実は、権力機関の「やり放題」という姿勢そのものを示している。

しかもその公安警察と検察の「やり放題」というのは、半端なものではなかった。二〇〇五年三月、松崎とは何の関係もない別件で押収したJR総連の帳簿など二十二点を再押収したことをもって開始された「業務上横領事件」なるものの捜査は、その年の十二月には三泊四日に及ぶJR総連にたいする家宅捜索となり、新たに全体で段ボール六十箱にまでなる二千百九十七点の押収を強行した。これにはJR総連結成以来の全会計帳簿が含まれた。その上で、公安警察は、沖縄やハワイにまで捜査員を派遣し、松崎や組合関係の預金や取引関係を洗い出すなど徹底的な捜査をつづけた。一労組や一個人にたいして、だれからも何の告訴もないなかで、警察だけの予断と偏見による見込捜査を強行し、これほど露骨な強制捜査を展開するというのは、まさに「国策捜査」としても異常である。犯罪のないところに、犯罪を作り出そうという公安の執念がいかなるものであるかをこれほどあからさまに物語ったということでは前例が見当たらない。

その挙げ句の果てが、「嫌疑不十分」による不起訴処分である。この事態は松崎明とJR総連関係者にたいする人権と団結権侵害の犯罪であるばかりか、国家財政を無用の捜査によって浪費したことにおいて、治安機関による二重の犯罪行為というにふさわしい。しかもこの捜査が、二〇〇二年のJR浦和電車区事件以来のJR東労組潰しと連動している実態を見るなら、治安当局を先導とする不当・不法な労組介入を本質とした弾圧事件であり、民主主義を根底から破壊する行為といわなければならない。公安警察はかねてから、松崎明およびJR総連・東労組にたいして「革マル」キャンペーンを行ってきたが、JR浦和電車区事件によってその虚説が明らかにされると、今度は松崎明などかつての指導幹部にたいする「業務上横領」なる虚説の容疑を作り出し、その情報操作によって新たにJR総連・東労組の解体をめざす弾圧方針を打ち出した。そしてそれらの試みはいずれも見事に失敗したのである。

だれであれ、叩けばホコリが出ると言われる人間生活の常の姿に比して、公安警察が総力を挙げて家宅捜索をやり、段ボール六十箱を丹念に調べても、なおかつ犯罪を作り出す手がかりを与えなかった松崎明は文字通り「征伐されない鬼」としての存在証明を示したといえた。そしてこの存在証明は「国策捜査」を打破し「冤罪を防止した鬼」としての証明でもあった。また、この証明は、労働組合潰しという隠された意図の下に松崎という鬼を追い回し、その「国策鬼ごっこ」に敗れた警察組織が、その旧体制的な治安思想から一歩も出ることができずに、時代と社会の変化に対応できなくなった官僚機構の危機を如実に示すことにもなった。いわば、彼らは東西冷戦構造下の治安警察さながらに古いスローガン（「松崎革マル」撲滅論）を叫び、その錦の御旗の下に大量の警官たちを動員するという硬直した行動様式を取るしか能のない実態を示したのである。これはグローバル化した産業経済システムのなかで取り残された石炭と煙突によって動いていた大工場を思わせる象徴的な事態である。すでに時代は「フォーディズムからポスト・フォーディズムへ」、そして「ポスト・フォーディズムからポスト・モダンへ」と急速に動いているのに、警察組織はかつてのT型フォード車の大量生産方式に見合うような旧態の治安思想に止まり、松崎追及の醜態を演じていたのである。この姿は、その潰すはずの相手のJR東労組という一労働組合の自己改革にも遅れをとった改革なき実態を示すものであり、そこにこそ警察という重厚長大な官僚組織が現実に適応する能力を欠いて惨めな失敗を象徴する実質が示されたといえる。

もちろん、警察にこの「失敗証明書」を出させた松崎という抵抗の鬼については、彼を支えたJR総連・東労組の同僚や関係者を称賛しなければならない。偽装列島といわれるほどの腐敗と欺瞞に満ちた社会にあって、当然とはいえ、公安警察の総力をもってしてもその「偽装」を見いださせなかった松崎明とその労組関係者は、二〇〇七年の年の言葉にまでなった「偽」という事態をはねのける民衆的な生活者としての実質を示したといえるからである。このことは同じ年の年末、「命に線引きはできない」というまさに人間的な言葉によって存在を証した薬害肝炎訴訟原告団の女性たちとともに、その苦悩の少なくない民衆的な生活を貫く日常の正義を示したことによって、日本の民主主義を一歩前進させた存在性を明らかにしたともいえる。

この意味でも、「松崎という鬼」はやはり、その名に値する労働者的な存在を示したのである。「万国のプロレタリア団結せよ」というあの労働者である。権力者の立場から鬼となった三島通庸は神社に納まったが、権力との厳しいたたかいによってその労働者としての存在を示した松崎という鬼には、もちろん神社は不要である。「退治されなかった鬼」、自らに仕掛けられた「冤罪を防いだ鬼」、それだけで十分である。「松崎神社」がなく、また「松崎通り」がなくても、そうした鉄鎖のほかに失うものはないと自覚した存在、そして権力の謀略を許さなかった存在こそが、民衆にとって忘れ得ない抵抗と闘争のシンボルとしての鬼となる資格を得るのである。

（注1）　バルフ・スピノザ（一六三二～七七）　オランダの哲学者。ルネサンスの自由な思想家であったため、その無神論を咎められて一六五六年にユダヤ教団とユダヤ人社会から追放された。以後、教師や技術者（レンズ磨き）として生計をたてながら、各地を転居する思索の生活を送った。その思想的立場は、物質的な自然論に立脚して汎神論を発展させ、デカルト的な創造神の立場を克服したとされる。彼の思想をあらわす言葉に「人間は本性上敵である」という難解な言葉があるが、これは自己という存在のためにはその自己とも闘わざるを得ないし、その自己の権利を侵す他者とも闘わざるを得ない存在であることを認識する人間的な自然権をあらわす言葉であった。彼の「共同の論理」の独自性は、この自然的な敵性を持つがゆえに、人間は共同することによって敵対的な権利から共同の権利の持ち主へと発展的に歩むことができ、その自然状態から国家状態へと移行することができると説いたところにある。代表的な著作に、『神学・政治論』、『エチカ』、『知性改造論』、『国家論』など。

（注2）　カール・マルクス（一八一八～八三）　ドイツの革命家。経済学者でもあり哲学者でもあった。はじめヘーゲル左派として出発したが、その革命思想を弾圧されて、ドイツ、フランス、ベルギーなどへの亡命と追放をくりかえし、最後はイギリスで亡命生活を送った。その間、一八四七年に「共産主義者同盟」に参加して本格的に革命運動に乗りだした。翌四八年には盟友エンゲルスとともに『共産党宣言』を執筆し、その後の世界の革命運動に大

きな影響を与えた。その理論的実績としては、「剰余価値説」、「哲学的唯物論」、「階級闘争論」などがあり、後年「マルクス主義」として体系化されたものとして理解されるようになった。一八六四年には「第一インターナショナル」を創設した。代表作に、『資本論』、『哲学の貧困』、『フランスにおける階級闘争』、『政治経済学批判』など。

（注3） 西郷従道《さいごうつぐみち》（一八四三〜一九〇二） 鹿児島県出身の明治の軍人。西郷隆盛の弟。明治二年、山県有朋と一緒に渡欧して兵制を研究。一八七四年には台湾征討を強行し、その植民化をすすめた。西南戦争の時には兄・隆盛に従わず、政府の立場を支持し、七八年に文部卿と陸軍卿を兼任、八一年には農商務卿となり、八五年の第一次伊藤博文内閣では海軍大臣と農商務大臣を兼務をするなど明治政府の主流を歩み、海軍大将、元帥、伯爵、侯爵という具合に明治の軍人官僚の栄達を象徴する人物の一人となり、「薩摩の海軍」の巨頭として重きをなした。こうした西郷従道を祀った「西郷神社」は、その貧窮士族の救済という開拓事業の反面にあるもの、つまり政府権力につながる特権的な高官たちがその国有地の私有化のために辣腕を振るい、その利益の一端に預かった農民たちのご恩返しという一面をあらわしていたといえる。この点は三島通庸の「三島神社」もまったく同様で、「国益」を騙って「私益」をはかるという点では薩摩閥の官僚は抜きん出た才覚を持っていたといえる。

武藤　功（むとう　こう）

1937年生まれ。文芸と思想誌『葦牙《あしかび》』編集同人。作家、評論家。

著　書　『書物の戦い』（1989年、田畑書店）、『宮本顕治論―その政治と文学』（1990年、田畑書店）、『国家という難題』（1997年、田畑書店）、詩集『木リーグ』（1996年、沖積舎）、『堀田善衞論―その文学と思想』（共著 2001年、同時代社）、『現代文学論 暴かれるべき文学のイデオロギー』（2002年、同時代社）、『石原慎太郎というバイオレンス―その政治・思想・文学』（共著 2003年、同時代社）、『冤罪をなくす―ＪＲ浦和電車区事件をめぐって』（2005年、出版研）、　他

冤罪をなくす

2008年5月31日　初版1刷発行 ©

著　者　武藤　功
発　行　いりす
〒113-0033 東京都文京区本郷1－1－1－202
TEL 03-5684-3808　　FAX 03-5684-3809

発　売　株式会社同時代社
〒101-0065 東京都千代田区西神田2－7－6
TEL 03-3261-3149　　FAX 03-3261-3237

印刷・製本　モリモト印刷株式会社

定価はカバーに表示してあります。落丁・乱丁はおとりかえいたします。
ISBN978-4-88683-626-7